葬式・お墓のお金と手続き

弁護士・税理士が教える
最善の進め方Q&A大全

文響社

プロローグ

お葬式とお墓のお金・手続き・マナーは今すぐ準備が必要で注意点がいっぱい!

中学生や
小学生なら
制服で参列
するといい
それが
正式な
服装じゃよ
では
行ってきます
気をつけて
のぉ
陽子姉さん
心筋梗塞(こうそく)だって
うん
突然だったな
あなたも
お葬式やお墓の
ことを考える
べきだわ
まだ早いよ
人の寿命は
誰にも
わからんぞ
急に倒れる
なんてことも
…
あなたが死んだら
お墓はどうするの?
お葬式はどうするの?
この家はどうするの?
株や有価証券は
いくらあるの?
借金は…
ないない
まさか
隠し子がいる
なんて
ことは?
やめて
くれよな
相続が
大変だよ
ハハハ…
ない
ない
天に
誓って!
なに
今の沈黙…

それはさておき
お葬式のことは
今から考えて
おくべきじゃ
不謹慎な！
まだ生きとる
のに！
古い
考えじゃ
急に亡く
なったら
家族が
大変じゃ
そうよ
葬儀の手配って
大変なのよ
葬儀の
形式だって
考えないと
おれは
家族葬がいいと
思うけど…
家族葬？
家族や故人と
特に親しかった
人だけで
執り行う
小さいお葬式じゃ
昔は会葬者を
限定しない
一般葬じゃったが
今では家族葬が
主流になっておる
話にならん！！
親族や
隣近所など
会葬して
ほしい人は
100人以上
もいる
たくさん集まって
もらうのはいいが
息子さんの
代になっても
交流が続く人は
どれだけいるかのぉ
私たちの代と
達郎たちでは
付き合う人が
違ってくるわ
顔も名前も知らない
親族だっている

※本書のマンガはフィクションであり、実在する人物とは一切関係ありません。

巻頭図解

臨終前後から進める

お葬式・お墓の手配&手続きスケジュール一覧

生前 → 臨終前

各種生前手続き&お葬式の準備

生前手続き

◉自分のお葬式の費用は自分で準備しておく⬇115ジペー

◉遺される家族のためにエンディングノートを作っておく⬇116ジペー

◉エンディングノートにお葬式の希望、今あるお墓などの詳細を書いておく⬇116ジペー

◉葬儀社などの互助会に入会しておく⬇119ジペー

◉お墓の管理代行サービスを利用する⬇119ジペー

◉おひとりさまなどの場合、死後事務委任契約を結んでおく⬇117～118ジペー

◉おひとりさまなどの場合、墓じまいの生前契約を結んでおく⬇120ジペー

お葬式の準備

◉葬儀を取り仕切る喪主を誰が務めるか、家族で話し合って決めておく⬇第5章

◉葬儀をサポートしてくれる葬儀社をどこにするか目星をつけておく⬇55ジペー

◉もしものとき一般葬や家族葬など、どんなお葬式にするか家族で話し合って決めておく⬇26～32ジペー

◉家族葬にする場合、参列してもらう親族の範囲などを決めておく⬇65ジペー

◉葬儀費用を本人の預金で支払う場合、臨終前に現金化しておく⬇90～91ジペー

◉いつ臨終を告げられても慌てないように葬儀社を決めておく⬇55ジペー

お墓の承継・購入

◉お墓を承継する⬇第9章

◉お墓を承継する場合、どんな負担を負うことになるか知っておく⬇143ジペー

◉お墓を承継する場合は名義変更手続きを行う⬇146ジペー

◉承継したお墓は勝手に売り買いすることができない⬇149ジペー

◉お墓の利用規約などをきちんと確認する⬇148ジペー

◉お墓を購入する⬇第10章

◉お墓を購入する場合、できれば若くて元気なうちがベスト⬇154ジペー

◉墓地の種類、それぞれのメリット・デメリットなどを押さえておく⬇156～162ジペー

◉購入する前に、お墓見学などを行う⬇177～178ジペー

8ページへ続く

臨終 → 死後

死後直ちに（5日、7日以内）

死後14日以内

役所などへの届け出・手続き

- **医師**から**死亡診断書**または**死体検案書**を受け取る→40ページ
- 役所へ**死亡届**・**火葬許可申請書**を提出する（死後7日以内）→41〜42ページ
- 役所から**火葬許可証**・**埋葬許可証**を受け取る→41〜42ページ
- 会社員が死亡した場合、直ちに勤務先へ連絡を。会社は**健康保険の被保険者脱退届**を提出する（死後5日以内）
- 故人の預金を葬儀費用に充てる場合、金融機関で仮払い手続きを行う→90ページ
- 世帯主が死亡した場合、役所へ**世帯主変更届**を提出する（死後14日以内）
- 年金受給者が死亡した場合、年金事務所などへ**年金受給者死亡届**を提出する（厚生年金は死後10日以内、国民年金は死後14日以内）
- 年金受給者の死亡で発生する**未支給年金の請求**を行う（5年で時効）
- 国民健康保険・介護保険の加入者が死亡した場合、**被保険者脱退届**を提出する（死後14日以内）

臨終から通夜・葬儀・告別式&法要の流れ→第3・4章

臨終後の一般的な流れ

臨終
- 末期の水
- 清拭・死に化粧

遺体の搬送

遺体の安置（自宅・斎場）
- 枕飾り
- 守り刀
- 神棚封じ

枕経
- 読経
- 戒名の授与

湯灌の儀・納棺の儀

通夜（自宅・斎場にて）
- 開式・読経
- 焼香
- 法話・説教
- 閉式

通夜振舞い

- 医師が死亡と診断し、死亡診断書または死体検案書を交付する
- 遺体の搬送は葬儀社に依頼するのが一般的。臨終前に葬儀社を決めておくことが大切

- 遺体は自宅や斎場などに安置する。自宅の場合、安置する場所を確保する
- 僧侶による枕経の読経の後、戒名を授かることになる

- 家族葬の場合、通夜を省略または簡略化してお葬式を1日で行うことが多い
- 通夜を省略する場合は当然、通夜振舞いは行わない

死後

死後3ヵ月、4ヵ月以内　死後10ヵ月以内

- 故人の公共料金やインターネット、クレジットカードなどの**解約**または**名義変更**を行う
- 相続人はふつうに相続する場合（単純承認）を除き、**相続放棄**または**限定承認**の手続きを行う（死後3ヵ月以内）
- 故人の所得税の**準確定申告**を行う（死後4ヵ月以内）
- 故人の預貯金の**解約**または**名義変更**を行う（原則、死後10ヵ月以内）
- 相続人は**相続税**の申告・納税を行う（死後10ヵ月以内）
- 遺言書などで遺留分を侵害された相続人は**遺留分侵害額の請求**を行う（1年で時効）

★「役所などへの届け出・手続き」については、左の本書の姉妹本でくわしく解説されています。

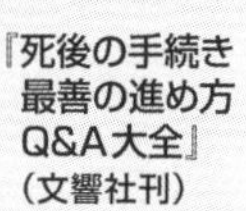

通夜の後の一般的な流れ

葬儀・告別式（斎場）
- 開式・読経
- 焼香
- 閉式
- 別れ花の儀式
- 釘打ちの儀
- 出棺→火葬場へ

↓

火葬（火葬場にて）
- 炉前の読経
- 遺体の火葬
- 骨揚げ
- （分骨）

↓

骨壺の安置（斎場にて）
- 清めの儀式
- 後飾り
- 骨壺の安置

↓

還骨法要・初七日
- 読経
- 焼香

↓

精進落とし

↓

最後の事務手続き

本来は別々に行う儀式だが、今では葬儀・告別式をいっしょに行うのが一般的

法要の一般的な流れ

初七日（死後7日め） ＊葬儀当日に行うことが多い
- 二七日（死後14日め）
- 三七日（死後21日め）
- 四七日（死後28日め）
- 五七日（死後35日め）
- 六七日（死後42日め）
- 七七日（死後49日め）
- 百か日（死後100日め）

↓

一周忌（死後1年め）

↓

三回忌（死後2年め）

↓

七回忌（死後6年め）

↓

十三回忌（死後12年め）

↓

三十三回忌（死後32年め）

↓

五十回忌（死後49年め）

弔い上げ

↑ここまでで年忌法要を終えることが多い

改葬・墓じまいの手配＆手続きの流れ

改葬の場合（引っ越し先のお墓の手配が必要になる）

●事前に必ず、改葬について家族や親族に相談する

今あるお墓（旧墓地）

●旧墓地の管理者に改葬の相談を行う

❶ 旧墓地のある役所で改葬許可申請書を入手する

＊❶の申請書に、旧墓地の管理者に署名・捺印してもらう

❸ 旧墓地の管理者から埋蔵（収蔵）証明をもらう

＊署名・捺印のある申請書が埋蔵証明となる

❹ 旧墓地のある役所へ埋蔵証明つきの改葬許可申請書を提出し、改葬許可証を入手する

●閉眼法要

●遺骨を取り出す

●墓石などを解体・撤去して更地にし、旧墓地の管理者に返却する

引っ越し先のお墓（新墓地）

●新墓地を探す

●新墓地を決定し、購入する

❷ 新墓地の管理者から受入証明（墓地使用許可証）をもらう

●新しいお墓を建てる工事を業者に発注する

＊❶～❹は改葬に必要な諸手続きの流れを示す

新しいお墓が完成

●開眼法要・納骨法要

●新しいお墓に遺骨を納める（納骨）

墓じまいの場合

●家族や親族がいる場合は、事前に必ず墓じまいについて相談する

●墓じまいの後、お墓そのものを持たない場合は、上にある改葬の「今あるお墓（旧墓地）」の流れで手配・手続きを進める

●お墓そのものを持たない場合は、手元供養、散骨などの方法がある

●遺骨を永代供養墓に納める場合は、次のⒶ～Ⓒのお墓を検討する

永代供養墓
- Ⓐ合葬墓
- Ⓑ集合墓
- Ⓒ単独墓

●単独墓や集合墓は遺骨を専用スペースに納められるが、合葬墓に比べて費用が高め

●合葬墓を選ぶ場合は、次のタイプのお墓を検討する

- 一般的な野外タイプ
- 納骨堂タイプ
- 樹木葬タイプ
- 昔からの本山納骨

目次

第3章 お葬式編③ 葬儀の準備&葬儀社選びについての疑問18

第4章 お葬式編④ 通夜・葬儀・告別式の進め方についての疑問15

第6章 お葬式編⑥ 葬儀に参列するさいのマナーについての疑問10……101

第7章 生前準備編 遺される家族のための生前手続きについての疑問10……111

第8章 お墓編❶ 変わりつつある「お墓の形」についての疑問15

第12章 お墓編⑤ お墓の片づけ「墓じまい」についての疑問9

第1章

お葬式編❶

葬儀方法や家族葬についての疑問10

▶Q 1～10◀

回答者

ことぶき法律事務所
弁護士
佐藤省吾（さとうしょうご）

お葬式には一般葬・家族葬・一日葬などがあり、故人が望んでいたこの形がベスト

ほかにもいろいろな
お葬式の形があるぞ

- 一般葬
- 家族葬
- 一日葬
- 直葬（火葬式）
- 社葬・合同葬
- 自由葬（音楽葬・海洋葬など）
- 密葬
- お別れの会

お別れの会って
芸能人や著名人が
亡くなったときに
よく聞くわ

海洋葬って
どう？

サ…サメに
食われる

火葬した遺骨を
海に撒くんじゃ
「散骨」の
一種じゃよ

一日葬と
直葬は
家族葬の
一形態で

一日葬は
通夜を省略
または簡略化し
葬儀・告別式を
一日で行う

直葬は
通夜・葬儀・
告別式を省略し
火葬だけで
終える
お葬式じゃ

簡単そうで
いいわね

そもそも葬儀とは何？本当に必要ですか？

A 故人を弔う儀式のこと。冥福を祈るため慣習的に行うが、絶対に必要なものではない。

「葬儀」とは、故人を偲んで弔う儀式のことです。いわゆる「葬式」と同じ儀式と考えてかまいません。

葬儀のやり方は仏教や神道、キリスト教などの宗教によって異なり、同じ宗教でも宗派や地域によって違いがあります。仏教（仏式）の場合は、僧侶による読経、遺族らの焼香、告別式などが行われます。

なお、葬儀という言葉は、広い意味で「葬送儀礼」として使われることもあります。葬送儀礼とは、臨終から一周忌法要までの一連の儀式のことです。

葬儀は故人の冥福を祈るため慣習的に行われていますが、必ず実施しなければならないのでしょうか。

結論をいうと、**葬儀を実施する義務は法律に定められていないので、行わなくても問題はありません。最低限、火葬を行えばいいのです。**そのため、最近では「直葬」（Q8参照）といって、葬儀を行わずに火葬だけで簡単にすますケースも増えています。

そうはいっても、葬儀を行うことには左表のような意義があります。社会通念に照らしても、やむを得ない場合を除き、葬儀は行ったほうがいいでしょう。

葬儀を行う意義

◉ 死の告知
葬儀には、故人が亡くなったことを知らせ、承継者（喪主）を紹介する社会的な意義がある。

◉ 遺族の慰め
葬儀には、遺族が故人の死を受け入れ、喪失感や悲しみを癒やす心理的な意義がある。

◉ 死の実感
葬儀で故人と対面することは、命の尊さを再確認し、死生観を身につける機会になる。

◉ 遺体の埋葬
故人の尊厳を守ることはもちろん、社会的な衛生面からも遺体を埋葬する必要がある。

◉ 宗教的な儀式
信仰に則って葬儀を行うことは、故人と遺族の間に新たな宗教的関係を築くことになる。

Q2 亡くなった人を葬る方法には何がありますか？

A 火葬、埋葬（土葬）、水葬、風葬、鳥葬、散骨、樹木葬など。ただし、法律の規制がある。

死者を葬る主な方法は、下表のとおりです。

ただし、日本では「墓地、埋葬等に関する法律」（以下、墓地埋葬法）の規制があるので、すべての方法を行えるわけではありません。**墓地埋葬法が認めているのは、「火葬」「埋葬（土葬）」「樹木葬」です。**

このうち近代までは、火葬と土葬が主流でした。昭和初期まで火葬と土葬は、おおよそ半々の割合でしたが、現在では約99・9％が火葬で占められています。

樹木葬は火葬の一種で、自分の墓ではなく、墓地内の樹木を墓標とする区画に遺骨を埋める方法です。費用の安さから、近年は樹木葬の人気が上昇しています。

右記の3つのほかに例外として、船員法の規定により「水葬」が認められることもあります。

現在、日本の法律で認められている死者を葬る方法は以上ですが、かつて平安時代には「鳥葬」「風葬」が行われていたと伝えられています。また奄美(あまみ)群島、琉球(りゅうきゅう)諸島では明治時代まで風葬が行われており、1960年代までその風習が残っていました。沖縄返還後は墓地埋葬法の規定によって、風葬は行われていません。

亡くなった人を葬る方法

- **火葬**
  遺体を焼いて、遺骨をお墓に納める方法。
- **埋葬（土葬）** ※条例により禁止の区域がある
  遺体をそのまま土中に埋める方法。
- **樹木葬** ※墓地以外では不可
  墓地内の樹木周辺に遺骨を埋める方法。
- **水葬**
  船の航海中に、遺体を海に葬る方法。
- **鳥葬** ※日本では不可
  遺体を肉食の鳥類に処理させる方法。
- **風葬** ※日本では不可
  遺体を埋葬せず、小屋などに安置する方法。
- **散骨** ※法律上の規定がない
  遺骨を粉骨してから海、山などに撒く方法。

日本では、法律の規定により、火葬、埋葬（土葬）、樹木葬、水葬が認められている。

Q3 土葬・水葬・散骨は今でも行われていますか？

A 行われているが今では大半が火葬。土葬は墓地埋葬法、水葬は船員法で規制されている。

埋葬（土葬）、水葬、散骨は現代の日本でも行われています。しかし、Q2で説明したように約99・9％は火葬で占められているので、土葬、水葬、散骨はあくまで例外的な方法といえるでしょう。

戦前まで土葬は、火葬とともに、亡くなった人を葬る主な方法でした。しかし、現在、土葬の件数は年間わずか数百件にすぎません。土葬が減った理由としては、費用が高いこと、受け入れられる墓地が少ないこと、条例により禁止区域があることなどが考えられます。

水葬も船員法で認められているとはいえ、この方法を行えるのは船舶の航行中に船員が亡くなった場合に限られています。そのため、一般の人が亡くなった場合に水葬を行うことはできません。

散骨は、法律上の明確な規定がないので、行ってよいかどうかについては意見が分かれます。遺骨を粉骨して遺灰にすれば可能とする意見もありますが、撒く場所によっては農作物や海産物に風評被害が起こるなど、トラブルが発生する可能性があります。散骨の件数は、年々増加傾向にあるといわれています。

水葬ができるのは航行中のみ

船で航行中に船員が亡くなった場合のみ、水葬が認められる。ただし、遺体が浮き上がらないようにする、故人の遺影、遺髪を残すなど、法律上のさまざまな決まりがある。

Q4 通夜・葬儀・告別式はそれぞれどんな意味と違いがありますか？

A 通夜は故人と最後の夜を過ごす儀式、葬儀は故人を弔う儀式、告別式は別れを告げる儀式。

まず**「通夜（つや）」は、**遺族や親族、知人などが集まって**故人と最後の夜を過ごす儀式です。**近親者のみで行う「仮通夜」と、葬儀の前日に弔問客（ちょうもんきゃく）を迎え入れる「本通夜」がありますが、仮通夜を省略するケースが増えています。

通夜では、僧侶（導師ともいう）が読経（どきょう）を行い、遺族らが焼香します。通夜の儀式が終わった後は、料理やお酒を振る舞う「通夜振舞い」を行うのが一般的です。

次に「葬儀」は、故人を弔う（とむらう）儀式です。葬儀では、通夜と同じように僧侶が読経を行い、遺族らが焼香します。また、途中に僧侶が弔辞を述べ、弔電があれば司会（主に葬儀社のスタッフ）が読み上げます。最後に僧侶が退場し、葬儀は閉式となります。

葬儀に続いて「告別式」を行います。告別式は、故人に別れを告げる儀式です。告別式では、知人・友人らによる焼香、別れ花（供花を棺（ひつぎ）に納めること）、釘打ちの儀（棺に釘を打つまねをすること）を行って出棺、火葬の流れになります。一般的に葬儀・告別式・火葬は同じ日に行い、火葬後に「還骨法要」「繰上げ初七日」、料理やお酒を振る舞う「精進落とし」を行います。

通夜・葬儀・告別式の違い

◉ 通夜

故人と最後の夜を過ごす儀式。仮通夜（省略することが多い）、本通夜がある。通夜では、僧侶がお経を上げ、遺族らが焼香を行う。

◉ 葬儀

故人を弔う儀式。葬儀では、僧侶がお経を上げ、遺族らが焼香を行う。式の途中に僧侶が弔辞を述べ、司会が弔電を読み上げる。

◉ 告別式

故人に最後の別れを告げる儀式。葬儀とともに行う。告別式では、棺に祭壇の供花を納める別れ花や、釘打ちの儀を行い出棺する。

Q5 日本の伝統的な葬儀「一般葬」はどんな流れで行いますか？

A 一般的に、葬儀社との打合せ➡納棺➡通夜➡葬儀・告別式➡出棺➡火葬・収骨の順。

「一般葬」とは、参列者を限定することなく幅広い人に参列してもらう葬儀のことです。 一般葬というと狭義の意味ではお葬式を指しますが、ここでは広義での葬送儀礼（Q1参照）の葬儀当日までの流れを説明します。

一般葬の流れは、葬儀社を選んで打合せをするところから始まります。 葬儀社に予算や参列者の人数を伝え、葬儀の規模はどうするのか、日程はいつにするのか、斎場・火葬場はどこにするか、誰にお経を上げてもらうのかといったことを決めるのです。この打合せで通夜（つや）や葬儀・告別式はもちろん、火葬を終えて精進落としを行うまでのおおよそのことが確定します。

打合せを終えたら、参列者に訃報（ふほう）連絡をして通夜・葬儀の日時を伝え、納棺を行います。

一般葬で最初に重要な催しとなるのが通夜です。最近は近親者だけで行う「仮通夜」を省くことが多く、たいていは葬儀の前日に斎場で「本通夜」のみを行います。 本通夜では僧侶がお経をあげ、遺族らが焼香をします。それが終わると「通夜振舞い」を行い、僧侶や参列者に食事などを振る舞います。

葬儀・告別式から火葬までの流れが重要

一般葬で次に重要な催しは、葬儀・告別式から火葬までの流れです。 葬儀・告別式の詳細についてはQ6や第4章を参照してください。

出棺後、火葬場に到着すると棺（ひつぎ）は炉に入れられ、「納めの式」として僧侶がお経をあげ、遺族らが焼香をします。そして、焼却中は待合室に移動して待機します。

火葬が終わると遺骨が収骨室に移され、参列者が2人1組になって骨壺に納めます（「収骨」「骨揚げ」という）。最後に係員がすべての遺骨を納めた骨壺（こつつぼ）を白木の箱に入れて遺族に渡します。その後「精進落とし」を行い、僧侶や参列者に食事などを振る舞って散会となります。

一般葬の主な流れ

❶ 葬儀社との打ち合わせ
➡葬儀の規模や日程を決め、斎場・火葬場を予約する

❷ 訃報連絡
➡参列者に通夜・葬儀の日時を伝える

❸ 納棺（納棺の儀を行うこともある）
➡末期の水、湯灌、死に装束、死に化粧などを行い、副葬品を納める

❹ 通夜（本通夜）
➡僧侶（導師）が読経し、参列者が焼香する

❺ 通夜振舞い
➡通夜が終わったら、会食を行い参列者に料理やお酒を振る舞う

❻ 葬儀
➡僧侶が読経し、弔辞を述べる。その後、遺族・親族が焼香をする

❼ 告別式
➡参列者が焼香。別れ花、釘打ちの儀を行う

❽ 出棺
➡棺を霊柩車に乗せ、火葬場へ向かう

❾ 火葬
➡炉の前で納めの式を行い、棺のまま遺体を火葬する

❿ 収骨（骨揚げ）
➡遺骨を収骨室に移し、遺族らが骨揚げを行い骨壺に納める

⓫ 還骨法要・繰上げ初七日（戻り初七日）
➡火葬場から斎場に戻り、還骨法要と戻り初七日の儀式を行う

⓬ 精進落とし
➡収骨が終わったら会食し、僧侶・参列者に料理やお酒を振る舞う

最近増えている「家族葬」とはなんですか？ 一般葬とどう違いますか？

A 参列者を家族や故人と親しかった人などに限定する葬儀。一般葬にはこの制限がない。

最近は、「家族葬」を選ぶ人が増えています。**家族葬とは、近親者や、故人と特に親しかった人のみで行う葬儀のことです。一般葬が参列者を限定しないのに対し、家族葬は身内だけで行う点が大きな違いといえます。**家族葬の流れは基本的に一般葬と同じですが、一部を省略するケースが増えています（Q7・8参照）。

家族葬が増えているのは、核家族化や少子化、高齢化により昔に比べて親族の人数が少なくなり、人付き合いの範囲が狭くなっているからと考えられます。

家族葬のメリットは、親しい人だけが参列するので気兼ねがないことでしょう。

一方、家族葬にはいくつかデメリットがあります。1つは、参列者の線引きが難しいことです。葬儀後、呼ばれなかった人から「会葬したかった」といわれるケースもあります。もう1つは、参列者が限られている分、香典が少ないことです。葬儀費用は、香典との差し引きで考えると一般葬と比べて極端な差はありません。

一般葬と家族葬の比較

	一般葬	家族葬
参列者の範囲	希望するすべての人が葬儀に参列する	近親者など限られた人が葬儀に参列する
葬儀費用の全国平均＊	約195万円	約80万～120万円
訃報の伝え方	広く訃報を流す	個別に訃報を伝える
通夜	原則として行う	参列者が少なければ、行わないこともある
葬儀・告別式	行う	行う（直葬を除く）
メリット	参列者が多いので、香典の金額が多い	親しい人だけなので、気兼ねがない
デメリット	葬儀費用が高額になることもある	参列者の線引きが難しい。香典が少ない

＊出典：日本消費者協会。僧侶へのお布施などを除く

Q7 通夜を省略する「一日葬」とはなんですか？どんな流れで行いますか？

A 家族葬の一種。通夜を行わず、納棺から葬儀・告別式、出棺、火葬までの儀式を1日で行う。

「一日葬」とは家族葬の一種で、通夜を行わずに納棺から火葬までの儀式を1日で行う葬儀のことです。

通常の家族葬は、基本的に一般葬と同じ流れで行うため、納棺から火葬まで2日以上はかかります。一方、一日葬の場合は、通夜を省略するので最短の1日で行うことができるのです（下の図参照）。

一日葬を行う一番のメリットは、通夜を行わないため葬儀費用が安くすむことです。一日葬の葬儀費用の相場は50万～１００万円程度（僧侶へのお布施、精進落としの食事代、火葬場の休憩室の費用は含まない）なので、通常の家族葬の葬儀費用よりもかなり安くすみます。

ただし、一日葬が廉価といっても祭壇や棺のグレードを上げたり、供花や盛り籠を多く飾ったり、死に化粧を頼んだりすると葬儀費用は高くなります。また、都市部は葬儀社の霊安室が割高なので納棺まで相応の費用がかかることにも留意しておきましょう。

もう１つの注意点は、菩提寺から許可されないケースがあることです。保守的な菩提寺もあるので、あらかじめ一日葬でも大丈夫か、確認するようにしましょう。

一日葬のスケジュールの例

am10:00 納棺（納棺の儀を行うこともある）
➡所要時間：１～２時間程度

pm 1:00 葬儀・告別式・出棺
➡所要時間：１時間程度

pm 2:30 火葬（および納めの式）
➡所要時間：１時間程度

pm 3:30 収骨（骨揚げ）
➡所要時間：20分程度

pm 4:00 精進落とし
➡所要時間：１～２時間程度

Q8 葬儀も省略する「直葬（火葬式）」とはなんですか？どう行いますか？

A 家族葬の一種で、一般的に納棺・出棺・火葬のみ行う。納めの式を行う場合もある。

「直葬（火葬式、荼毘式ともいう）」とは家族葬の一種で、通夜や葬儀・告別式、精進落としなどは行わず、納棺・出棺・火葬のみを行う葬儀のことです。

直葬では原則として僧侶は呼ばず、お経も上げません。遺族らは焼香をせず、出棺前に故人と最後のお別れをするだけとなります。出棺後は、火葬、収骨をして遺骨の入った骨壺を受け取ったら葬儀は終了です。

このように、直葬は最低限の葬送儀礼ですませるのが特徴といえます。そのため、葬儀費用の相場は10万～30万円程度と格安です。これには火葬料や棺代、骨壺代のほか、ドライアイス、霊安室、霊柩車、火葬場の休憩室の費用なども含まれています。

直葬でもお経を上げてもらいたいなら、葬儀社に頼めば僧侶を手配できます（葬儀費用とは別にお布施が必要）。その場合、火葬場で「納めの式」が行われ、僧侶が読経し、遺族らは炉の前の遺影に向かい焼香します。

なお、菩提寺があるのに無断で直葬を行うと、宗教儀式を行わないため納骨を拒否されることがあります。直葬を行う場合は、必ず菩提寺に確認しましょう。

火葬場で納めの式を行うことも

直葬では原則として僧侶を呼ばず、お経も上げない。ただし、葬儀社に頼むなどして僧侶を手配してもらえば、火葬場で「納めの式」（僧侶の読経と遺族らの焼香）を行える。

Q9 仏式やキリスト教式の葬儀にする場合、僧侶などの手配はどう行いますか？

A まずは菩提寺に連絡。菩提寺がなければ葬儀社に手配してもらうか、ネットで依頼する。

菩提寺(ぼだいじ)がある人は原則として、その住職に通夜(つや)や葬儀でお経をあげてもらう必要があります。まずは菩提寺に連絡し、住職の都合を尋ねましょう。都合がつかない場合は、同じ宗派の住職を手配してもらえます。

菩提寺に無断でほかの住職を探したりすると、納骨のさいにトラブルが起こるので注意してください。これは仏式だけでなくキリスト教式の場合も同じです。

菩提寺のない人は、葬儀社に頼めば希望の宗教・宗派の僧侶などを手配してもらえます。

また、最近はインターネットで僧侶などの手配ができるサイトもあります。例えば、「よりそうお坊さん便」（下の図参照）の場合は、一般葬（通夜、葬儀、火葬、初七日）、一日葬（葬儀、火葬、初七日）、直葬（火葬）のいずれにも対応しており、戒名(かいみょう)授与や追加法要（位牌(いはい)開眼法要、納骨法要など）も選べます。

価格は依頼する内容で大きく変わりますが、一般葬のみだと14万円、一日葬のみだと6万5000円、直葬のみだと3万5000円です。戒名授与の価格は安く、消費税もかからないので良心的といえるでしょう。

僧侶をインターネットで手配

項目		選択		
今回のお問い合わせ内容	OK	お坊さん便の予約をしたい	詳しい資料が欲しい	
お坊さん便のご利用回数	OK	初めて	2回目以降	
今回の依頼内容	OK	一般葬		
宗派	OK	今の時点でわからない		
故人様の菩提寺 ※お墓が所在するお寺／お世話になっているお寺	OK	菩提寺は無い	菩提寺有り（許可を頂いた）	わからない
戒名・法名の授与	OK	戒名の授与を希望する	戒名の授与を希望しない	

菩提寺がある方のご依頼は、菩提寺に連絡し、必ず許可を得てからご依頼ください。
お寺の許可が得られないまま、別の僧侶に法要を頼むと、お墓に納骨が出来なくなったり、法要や戒名授与のやり直しなどトラブルになる場合があります。
※菩提寺とは、お世話になっているお寺（門徒、檀家になっている/お寺にお墓を持っているお寺）のことです。

葬儀費用	一般葬 ＋追加法要 ＋ 戒名授与（信士・信女（20,000円））	合計160,000円

「よりそうお坊さん便」（https://www.yoriso.com/obosan/）の予約画面。一般葬でお経をあげてもらい、戒名授与（信士、信女）を希望する場合の価格は16万円（税なし）。

Q10 無宗教葬にすることはできますか？ どんな注意点がありますか？

A 可能だが、葬儀の核となるセレモニーが必要に。菩提寺がある場合は事前に了承を。

「無宗教葬」とは、仏式やキリスト教式といった宗教儀礼にとらわれない新しいスタイルの葬儀です。

無宗教葬の流れは、開式の言葉に始まり、黙祷、献奏（故人が好きだった曲をかけたり、生演奏したりすること）、お別れの言葉、献花と進行し、閉式の言葉で終わります。特定の宗教を主体にしませんが、僧侶を呼んでお経をあげたり、焼香したりすることも可能です。

無宗教葬は自由形式なので、葬儀の核となるセレモニーを自分たちで用意しなければなりません。やり方はさまざまですが、故人のスライド写真や動画を見て思い出を語ったり、故人の趣味や思い出の品を紹介したりするなどして内容を充実させましょう。

葬儀費用は、火葬料を含めて30万～40万円程度です。僧侶を呼ぶ場合は、お布施が別途必要になります。

無宗教葬は自由な反面、陳腐なお別れ会で終わってしまうおそれがあります。また、菩提寺や親族から偏見の目で見られることも考えられます。自由であるからこそ、むしろ葬儀として厳粛に執り行うことが肝心です。注意点を左表にまとめたので参考にしてください。

無宗教葬の注意点

◉ 菩提寺や親族の了承を得る

菩提寺があるなら納骨してもらえるか、必ず確認する。親族からも了承を得たほうがいい。

◉ 慣れている葬儀社を選ぶ

多くの葬儀社は仏式の葬儀のみの対応なので、無宗教葬の実績がある葬儀社を選ぶ。

◉ 計画をしっかりと立てる

葬儀のセレモニーが陳腐にならないように、前もって計画をしっかりと立てることが肝心。

◉ 参列者は略式の喪服（準喪服）を着用

ラフな服装は厳禁。最低でも黒のスーツ、ネクタイ、革靴、白のワイシャツでそろえる。

◉ 参列者は香典を用意する

無宗教でも香典を必ず用意。不祝儀袋に包み、「御霊前」「御花料」などと表書きをする。

第2章

お葬式編❷

臨終前後の手配&届け出についての疑問13

▶Q11〜23◀

回答者

東池袋法律事務所
弁護士
根本達矢（ねもとたつや）

遺族は悲しみを乗り越えて遺体の搬送・安置に加え、役所への各種届け出が必要に！

敏明おじさん!
敏明（太平の弟）
兄さん
大丈夫か?
お父さん
すっかり
萎えちゃって
よし
後のことは
任せろ!
やることは
山ほどある

葬儀社の手配
ご遺体の搬送・安置
枕飾り・枕経などが
必要じゃ
まくらかざ
枕飾りは
葬儀社が
用意してくれる

これ
メモを作って
おいたの
葬儀社
安置先
僧侶の連絡先
……
ほほう
うん
大事なことは
メモしておくのが
肝心じゃ
それと
役所への死亡届
火葬許可申請も
必要じゃ
火葬許可証を
もらわないと
火葬ができない
からのぉ
ワシは
死亡届に
記入しよう
おじいちゃん
復活か…
がんばれ

Q11 臨終前後から通夜・葬儀前までに、どんなことを行う必要がありますか？

A 一般的に、臨終➡遺体搬送・安置➡死亡届➡火葬許可申請などを経て通夜・葬儀を行う。

臨終に至る過程は人それぞれなので一概にはいえませんが、病院や施設から危篤の知らせを受けたら、亡くなるまで立ち会う必要があります。自宅で介護していた場合は、臨終が近づいたら在宅医療の医師に往診に来てもらうか、救急車で病院に搬送する必要があります。

そして、**臨終を告げられると遺体を搬送、安置し、役所で死亡届や火葬許可申請の手続きを行い、葬儀社を決めて通夜・葬儀の準備をします。くわしい流れについては、下のフローチャートを参照してください。**

実際には、このほかにも菩提寺へ連絡をしたり、親族や関係各所に訃報を伝えたり、葬儀費用を用意したり、礼服の準備をしたりと、やるべきことが山積みです。これらのことを通夜・葬儀までの1～3日のうちに行わなければならないので、臨終後はかなり慌ただしくなると考えたほうがいいでしょう。

ところで、日本では今でも「隣組」の風習が残っている地域があります。隣組では、通夜・葬儀の準備を近隣住民が手伝うことになっています。隣組に属している場合、臨終後は隣組長に連絡し、指示を仰いでください。

臨終後、通夜・葬儀までの流れ

- 医師による**死亡の確認**、または**検死**
- ▼
- **死亡診断書**または**死体検案書**を受け取る
- ▼
- 葬儀社に**寝台車**を手配
- ▼
- 寝台車で**遺体を搬送**
- ▼
- 自宅や斎場などに**遺体を安置**
- ▼
- 役所へ**死亡届**を提出する
- ▼
- **火葬許可申請**の手続きをする
- ▼
- 葬儀社を決めて**通夜・葬儀を準備**

Q12 臨終が間近になったら、家族はどんな準備が必要ですか？

A 喪主選び、葬儀資金の確保、菩提寺・本籍地の把握、遺体安置場所の検討などが必要に。

臨終が間近になったとき、家族ができることは本人に寄り添い、悔いのないように看取ることです。最後のときをいっしょに過ごすことで、お互いに死を受け入れる気持ちが整い、穏やかに臨終を迎えられるでしょう。

とはいえ、臨終後は悲しんでいる余裕もなく、葬儀に向けて忙殺されます。そこで、臨終前から葬儀の下準備を始めることが重要です。「本人が生きているのに葬儀のことなど考えられない」という人もいるでしょうが、葬儀は看取りの段階から始まっています。後で大変な思いをしないためにも、早めの準備が肝心といえます。

臨終前にやるべきことの第一は、喪主を決めることです。喪主は遺族の代表であり、葬儀の主催者となります。臨終から通夜・葬儀まで1～3日しかないので、早めに喪主を決めておかないと十分な準備ができません。

喪主は家族の誰がなってもかまいませんが、一般的には故人の配偶者か長男（もしくは次男、三男など男の子供）が務めます。早めに家族会議を開き、誰が喪主を務めるのかを決めましょう。そして、臨終後は喪主になった人が中心になり、ほかの家族が協力することで、葬儀の準

葬儀は看取りから始まる

葬儀は、本人を看取ることから始まる。まずは、悔いなく看取ることが肝心。臨終後は通夜・葬儀に向けて急に慌ただしくなるので、臨終前から準備しておくことが重要になる。

備がスムーズに運びます。

第二は、葬儀費用を用意することです。葬儀の規模にもよりますが、一般葬を希望するなら200万円以上を用意する必要があります。葬儀社から現金での一括払いを求められることが多いので、滞りなく支払えるように資金を手元に用意しておきましょう。

菩提寺や本籍地などを調べておく

第三は、菩提寺（ぼだいじ）などのお寺の連絡先を調べることです。お墓のある人は、そのお寺の名前、電話番号、住所を調べ、メモしておきましょう。とりあえずお寺の名前がわかれば、インターネット検索で詳細を調べられます。

第四は、本人の本籍地を確認することです。臨終後は死亡届を役所へ届け出るときに、本籍地を記入しなければなりません。また、相続手続きで必要になる故人の戸籍謄本は、本籍地の市区町村役所で取得します。本籍地は、本籍記載の住民票の写しを見ればわかります。

第五は、遺体を安置する場所を検討することです。臨終後すぐに、病院や施設から遺体を搬送するように求められます。搬送先を自宅にするのか、別の場所（斎場や葬儀社の安置所など）にするのかを決めておきましょう（Q18参照）。自宅以外の場所にする場合、おおよその料金の相場はインターネットで検索すればわかります。

ほかにも、訃報（ふほう）を伝える親族のリストをまとめたり、礼服をクリーニングに出したり、近所の葬儀社を下調べしたりすることも臨終後への備えとなります。家族で分担しながら準備を進めるといいでしょう。

臨終が近づいたらやるべきこと

❶ 喪主を決める
家族で話し合い、誰が喪主を務めるのかを決める。通常、喪主は配偶者か長男が務める。

❷ 葬儀費用を用意する
葬儀の規模に合わせて、現金を準備する。一般葬を希望するなら200万円以上は必要。

❸ 菩提寺の連絡先を調べる
菩提寺がある場合は、お寺の名称、電話番号、住所などを調べ、メモしておく。

❹ 本人の本籍地を把握する
死亡届に本人の本籍地を記入しなければならないので、住民票などで確認する。

❺ 安置する場所を検討する
遺体を安置する場所は、自宅にするのか、別の場所（斎場など）にするのかを決める。

Q13 臨終前に葬儀社を検討・決定するのは早すぎますか？

A できれば臨終前に葬儀社を検討すべき。臨終後は慌ただしく、十分に検討できなくなる。

病院や施設で臨終を迎えたら、遺族は葬儀社に寝台車を手配し、遺体を安置場所へ搬送する必要があります。通常、死亡診断から半日程度で遺体を搬送しなければならないため、時間の余裕はありません。そうでなくとも、臨終後は親族に訃報（ふほう）を伝えたり、病院や施設で退院・退所の手続きをしたりと慌ただしいものです。

ですから、**臨終が近づいたら葬儀社を決める準備をしたほうがいいでしょう。**前もって葬儀社を検討・決定しておけば、いざ亡くなったときに速やかに対応できます。決定しないまでも、近くにどのような葬儀社があるのか、評判はどうか、といったことをインターネットで調べ、連絡先を控えておくことをおすすめします。

Q14 臨終後の「末期の水」、遺体の「清拭」などはどう行いますか？

A 臨終を告げられたら、血縁の近い順に末期の水を取る。清拭は看護師が行ってくれる。

日本では昔から臨終後に**「末期（まつご）の水」**（死に水ともいう）を行う風習があります。**やり方は、濡れたガーゼや脱脂綿を新しい割り箸（ばし）で持ち、故人の唇を湿らせ、顔を拭（ふ）きます。**末期の水を行う順番は、喪主（もしゅ）➡配偶者➡子供➡故人の親➡故人の兄弟姉妹➡子供の配偶者➡孫です。

もっとも、急な臨終の場合、末期の水を行わないまま遺体を搬送することがあるかもしれません。そのようなときは、遺体を安置した後で葬儀社が準備してくれるので心配しなくても大丈夫です。

「清拭（せいしき）」は、アルコールを含んだガーゼで遺体を拭いたり、耳・鼻・口・肛門（こうもん）などに脱脂綿をつめたりする処置です。これは、看護師や介護士が行ってくれます。

Q15 臨終後、役所に提出する「死亡診断書」「死体検案書」とはなんですか？

A いずれも医師が死因を証明するために作成する書類。これがないと火葬や埋葬ができない。

「死亡診断書」「死体検案書」は、いずれも医師が死亡した人の死因を証明するために作成する書類です。これがないと役所で死亡届の届け出ができず、火葬に必要な「火葬許可証」の交付も受けられません。

入院中や通院治療中に死亡した場合は、死亡診断書がすぐに発行されます。一方、不慮の事故で亡くなったり、通院していない人が突然死したり、死亡原因に事件性が疑われたりする場合は、警察が介入して「検死」が行われ、そのうえで死体検案書が発行されます。

検死では、遺体や死亡時の状況を調査する「検視」、死因や死亡時刻などを推定する「検案」が行われ、死因などが特定できないときは「解剖」が実施されます。

検死にかかる時間は、事件性があるかないかで違います。事件性がなければ半日から2日程度で終わりますが、事件性が疑われると1ヵ月以上かかることもあります。そのため、状況によっては死体検案書の発行までに時間を要することを覚悟しなければならないでしょう。

死亡診断書と死体検案書の違い

	死亡診断書	死体検案書
作成する人	医療機関の医師	監察医、法医
発行する場所	医療機関、施設など	警察署など
費用	3,000円～1万円程度*	3万～10万円程度*
発行までの期間	死亡当日	半日～1ヵ月以上
発行に必要なこと	死亡の確認、死亡宣告	検死（検視、検案、解剖）
対象となるケース	入院中に死亡、通院治療中に死亡など	事故死、転落死、溺死、自殺、事件性が疑われる死亡など

＊自由診療扱いのため保険適用外

Q16 役所への「死亡届」「火葬許可申請」の届け出はいつまでに行いますか？

A 提出期限は死後7日以内。ただし、火葬許可証がないと火葬できないので極力速やかに。

まず**「死亡届」の届け出は、故人の死を知った日から7日以内（国外にいる場合は3ヵ月以内）に役所で行わなくてはなりません。**例えば、9月1日に故人の死を知った場合には9月7日までに行う必要があります。7日を過ぎて届け出ると、5万円以下の過料が科せられます。

次に「火葬許可申請」は、死後7日以内（死亡届と同様）に提出し、火葬許可証の交付を受けなければなりません。火葬許可証がなければ火葬ができないので、葬儀・告別式も行えないことになります。

通常、死亡届と火葬許可申請の届け出は同時に行うことになります。死亡届は、届書用紙と一体になっている死亡診断書（または死体検案書）に必要事項を記入し、押印して提出します。一方、火葬許可申請は、申請書に記入、押印して提出します。

なお、火葬許可証は、火葬後にそのまま埋葬許可証（火葬執行済印が押された火葬許可証）になります。

死後7日以内の届け出といっても、実際は2～4日で葬儀・火葬をすることが多いものです。なるべく死後2日以内に、これらの手続きを行いましょう。

死亡届を出さないと、どうなる？

◉ **行政罰で過料が科される**
5万円以下の過料を科される可能性がある（刑事罰ではないので、前科はつかない）。

◉ **火葬や埋葬ができない**
火葬（埋葬）許可証の交付を受けられないので、火葬や埋葬（土葬）ができない。

◉ **年金の不正受給を追及される**
年金が死亡後も支給されるため、遺族は不正受給により詐欺罪に問われる可能性がある。

◉ **健康保険の保険料を払いつづける**
健康保険の資格喪失届を出せないので、保険料を払いつづけることになりかねない。

◉ **相続手続きができない**
戸籍謄本に死亡を記載できないので、故人の財産の相続手続きができない。

Q17 死亡届などの手続きは誰が行いますか？ 葬儀社に代行してもらえますか？

A 届け出る人は主に親族。ただし、提出のみなら葬儀社に代行してもらうことができる。

死亡届を役所へ届け出るのは、6親等以内の親族、3親等以内の姻族が基本です。

とはいえ、これらの人が死亡届を作成すれば、提出は葬儀社に代行してもらうことができます。実際に、葬儀社が代行して死亡届を届け出るケースがよくあります。

死亡届の提出を葬儀社に依頼するメリットは、火葬許可申請の手続きも併せて代行してもらえることです。

葬儀を行うためには火葬許可証が必要ですが、それを知らなかったり、失念してしまったりする遺族も少なくありません。スムーズに葬儀を行うためにも、死亡届の届け出や、火葬許可申請の手続きは葬儀社に代行してもらったほうが確実でしょう。

Q18 遺体を自宅に安置することができません。どこに安置したらいいですか？

A 安置場所は自宅のほかにも、通夜・葬儀を行う斎場、遺体安置専用の施設などがある。

最近はマンション暮らしの人が増え、昔のように遺体を自宅に安置できなくなっています。

自宅以外に遺体を安置する場所には、通夜（つや）・葬儀を行う斎場や葬儀社の遺体安置室、民間の安置専用施設（遺体ホテルともいう）などがあります。

ふつうは、葬儀社の遺体安置室か、民間の安置専用施設を利用し、通夜・葬儀の日程に合わせて祭壇、供花などの準備ができてから斎場に搬送するのが一般的です。

臨終前から通夜・葬儀を行う斎場を決めているなら、最初からそこの安置室に搬送してもいいでしょう。

なお、葬儀社の遺体安置室を利用した場合は通常、その業者に葬儀も依頼することになります。

Q19 遺体を家に運ぶ「自宅での安置」と「枕飾り」ではどんな準備が必要ですか？

A 確保した場所を掃除し、布団・枕を用意して安置。枕元に小さい祭壇を作って飾りつける。

遺体を自宅に安置する場合は、葬儀社のスタッフや弔問客が出入りしやすい場所を確保します。あらかじめ掃除をしてきれいにしておき、故人が使っていた布団や枕、シーツなどを用意しましょう。準備が整ったら、遺体を自宅に搬送して、用意した布団に寝かせます。

注意点は、遺体の腐敗を防ぐために使用するドライアイスの冷気が逃げないように、厚めの掛け布団を用意することです。また、日差しが当たらないようにし、エアコンなどで室温を低めに保ちましょう。遺体の向きは、必ずしも北枕でなくてもかまいません。

遺体の安置がすんだら、「枕飾り」を設置します。枕飾りは、故人の枕元に供える弔い用の小さな祭壇です。

枕飾りでは、白木の台、または白色の布をかけた台の上に、一膳飯（真ん中に箸を立てる）、枕団子、香炉、線香、燭台、花瓶（花は樒か菊）、水、おりんを飾ります（浄土真宗では一膳飯、枕団子、水を飾らない）。

また、**浄土真宗以外の宗派では、布団の上に魔除けとして「守り刀」を置くことになっています。**枕飾りや守り刀は、葬儀社が用意してくれます。

枕飾りの例

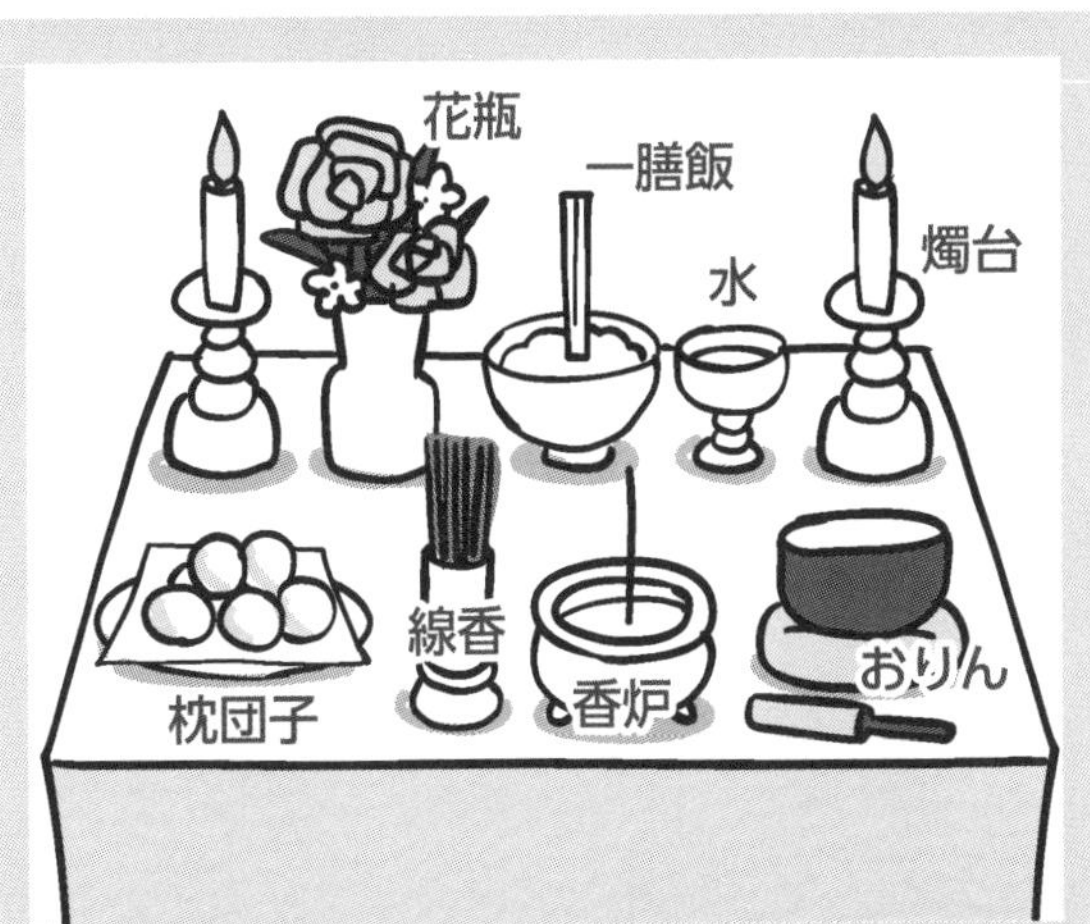

白木の台か、白色の布をかけた台の上に、一膳飯、枕団子、香炉、線香、燭台、花瓶、水、おりんを飾る。飾りつけの内容は宗派ごとに大きく違わない（浄土真宗を除く）。

Q20 遺体安置後の「枕経」「戒名の授与」はどう行いますか？

A 遺体の安置後、僧侶を迎えてお経を上げてもらう（枕経）。次に、戒名を授かることになる。

遺体の安置がすんだら、菩提寺などの僧侶を自宅、または安置所に迎え入れて「枕経」を行います。枕経は、故人の枕元でお経をあげることです。

僧侶がお経をあげている間、遺族は後ろのほうに控えていなければなりません（「枕勤め」という）。そして、喪主から順番に焼香をします。なお、枕経を行うさい、神棚がある場合は白い紙を貼り（「神棚封じ」という）、仏壇がある場合はその扉を閉めます。

枕経が終わったら通常は「戒名」が授与されます。戒名とは、仏の弟子になった証としてつけられる名前です。菩提寺がある場合は、原則としてその住職から戒名を授かることになります。

戒名は「院号」「道号」「戒名」「位号」の4つの号で構成されるのが基本です（戒名の呼び名や形式は宗派によって異なる）。このうち、院号（頭に「院」）があるかないか、位号（末尾2～3文字）は何かで戒名のランクが決まり（左の表参照）、戒名が高位になるほど僧侶に渡すお布施は高くなります。通夜までに戒名を授かるようにしましょう。

戒名の主な種類

● 浄土宗、真言宗、天台宗、曹洞宗、臨済宗

	男性の戒名（読み）	女性の戒名（読み）
（高位）	院居士（いんこじ）	院大姉（いんたいし）
	居士（こじ）	大姉（たいし）
（一般）	信士（しんじ）	信女（しんにょ）

● 浄土真宗

	男性の戒名（読み）	女性の戒名（読み）
（高位）	院釋（いんしゃく）	院釋尼（いんしゃくに）
（一般）	釋（しゃく）	釋尼（しゃくに）

● 日蓮宗

	男性の戒名（読み）	女性の戒名（読み）
（高位）	院居士（いんこじ）	院大姉（いんたいし）
	院日信士（いんにちしんじ）	院日信女（いんにちしんにょ）
	院信士（いんしんじ）	院信女（いんしんにょ）
（一般）	信士（しんじ）	信女（しんにょ）

Q21 通夜の前に行う「湯灌の儀」「納棺の儀」とはなんですか？ どう行いますか？

A 湯灌とは遺体をお風呂に入れること。死に装束を着せ、死に化粧をほどこし棺に納める。

病院や施設で行う清拭（せいしき）（Q14参照）のほかに、**「湯灌（ゆかん）の儀」を行うことがあります。湯灌とは、遺体をお風呂に入れることです。**湯灌には、専用の湯灌車を使う「現代湯灌」、たらいにお湯を張って手足を清める「古式湯灌」があります。この儀式は、湯灌師や納棺師といった専門の人が執り行います。

「納棺の儀」は、死に装束（しょうぞく）に着替えさせたり、死に化粧をほどこしてから遺体を棺（ひつぎ）の中に入れる儀式です。

湯灌の儀は納棺の儀の一環なので、遺体を洗った後で納棺の儀を行います。ただし、湯灌を行わずに清拭だけですませることも少なくありません。湯灌を希望する場合は、葬儀社に相談しましょう。

Q22 納棺の儀のさい、棺の中に納める「副葬品」はなんでもかまいませんか？

A 法律の規制はないが、火葬場では炉を傷めるものや公害を起こすものは禁じられている。

棺（ひつぎ）の中に納める「副葬品」は故人が旅立ちの伴とするもので、通常は思い出の写真、故人の愛用品や愛読書、遺族からの手紙、花などが遺体の周囲に添えられます。

ただし、副葬品として適さないものがいくつかあるので注意しなければなりません。

まず、ガラス製や金属製などの燃えないものは、棺に入れてはいけません。特に、電池が内蔵されている電子機器は高温で爆発することがあるので危険です。

次に、ビニールや合成樹脂（プラスチック）も、ダイオキシンを発生させるので副葬品には適していません。

さらに、事典などの分厚い書籍、大きなぬいぐるみは燃焼を遅らせるので棺に入れないようにしましょう。

Q23 「火葬許可証」や「埋葬許可証」などを紛失した場合、どうしたらいいですか？

A 火葬前と後で対応は異なる。前なら市区町村役場に必要書類を提出して再発行を受ける。

火葬を行う前に、「火葬許可証」を紛失した場合は、死亡届を提出した市区町村役場に届け出れば再発行してもらえます。申請書、申請者の身分証明書・認印（朱肉を使うもの）、故人の戸籍謄本を提出し、再発行の手続きを行ってください。

火葬が終了すると、火葬場で火葬許可証に執行済印が押され、執行した日付が記入されて返還されます。これを「埋葬許可証」といいます。通常、埋葬許可証は、収骨時に骨壺（こつつぼ）とともに白木の箱に収められるのですが、なんらかの理由で納骨前に紛失することもありえます。

その場合、役所に火葬許可申請書が保存されていれば、火葬前と同じように再発行してもらえます。しかし、役所に火葬許可申請書が保存されていなければ、火葬を行った火葬場で「火葬証明書」を発行してもらわなければなりません。そのうえで、役所で再発行の手続きを行うことになります（左のフローチャート参照）。

なお、役所における許認可などの決裁文書の保存期間は5年間です。5年を過ぎてから埋葬許可証を再発行してもらう場合には、火葬証明書が必要になります。

埋葬許可証の再発行

役所に火葬許可申請書が保管されていない場合

火葬証明書の発行申請を行う
➡火葬を行った火葬場に連絡。火葬証明書の発行申請を行って受け取る。

▼

火葬証明書を役所に提出
➡火葬証明書を役所に提出。埋葬許可証の再交付を申請する。

▼

埋葬許可証が再発行される
➡再発行された埋葬許可証を受け取る。

役所での再発行の手続きには、申請書、申請者の身分証明書・認印（朱肉を使うもの）、故人の戸籍謄本、手数料が必要になる。

第3章

お葬式編③

葬儀の準備&葬儀社選びについての疑問18

▶Q24〜41◀

回答者

佐藤正明税理士・社会保険労務士事務所所長
税理士　社会保険労務士　日本福祉大学非常勤講師
佐藤正明（さとうまさあき）

葬儀前には会葬者の範囲など決めるべきことが多くサポートしてくれる葬儀社選びが最重要

省吾（父・享年85歳）
父さんとも相談して家族葬にするとは決めてあるが
寅岩健吾（55歳）
葬儀社はどうしましょう？
久美子（妻・52歳）
ニュッ
家族葬なら特に葬儀社選びが肝心じゃ
葬祭博士
病院と提携している葬儀社に任せるパターンが多いがそれだと葬儀社の一方的なペースで進むことになりかねん
とりあえずは病院で手配する葬儀社にご遺体の搬送をお願いするとして
じっくり考えて決めたらいい
ここ3階だよな…
葬儀社を決めたようじゃの
きれいに飾り付けしてくれて父さんも喜んでるわ
静江（母・80歳）
ほれアンタ笑ろて
やめておばあちゃん

後はこちらの打合せで希望をはっきり伝えることが肝心じゃ
というと?
故人の好きな花や音楽があればそれを使ってもらうんじゃ
じゃあお父さんの好きなバラを祭壇に
予算オーバーにならんように
音楽はモーツァルトだな
ほかにも決めることがたくさんある
家族葬なら会葬者の範囲を決めなくてはならん
家族と父さんの友人・知人だけさ
お父さんの兄弟姉妹は代替わりしてるし
じゃがその息子さんがどうしても参列したいといってきたら?
んー?
え〜っと…
考えてなかった…
香典はもらう?もらわない?
断るのもなんだし…
う〜ん
あーん?
おれもいっしょに考えるよ3人寄れば文殊の知恵だ
おー
わしを入れると4人か釈迦の知恵じゃな
私は?
寅岩健太(健吾の子)

Q24 故人や会葬者が満足してくれる葬儀をあげるにはどんな準備が必要ですか？

A 葬儀社のパッケージプランに頼らず、こだわりポイントを絞ると葬儀の形が整いやすい。

葬儀社には「パッケージプラン」があり、これを利用すれば葬儀を執り行う遺族の負担は軽くなります。

しかし、**パッケージプランだけでは、旅立つ故人に満足してもらうことは難しいでしょう。故人が葬儀について具体的な要望を語っていたような場合はそれに従って故人の信念や価値観に基づいた儀式を行うこと、さらに我が家らしいセレモニーを考えることも大切です。**

故人の人生や趣味、関心があったことを思い出してみましょう。例えば、故人が愛した音楽、詩、アニメ、映画などを葬儀に取り入れたり、故人の好きな花や装飾品を用いて会場を飾ったりすることで、故人への敬意や感謝の気持ちを表現できます。山を愛した人なら、山登りの写真をパネルにして飾るのもいいでしょう。

また、葬儀に参列する会葬者に配慮することも忘れてはいけません。故人への感謝や哀悼（あいとう）の気持ちを伝える機会として、忘れられないエピソードを語ってもらったり追悼のメッセージをいただいたりするなど、会葬者が参加できる場を提供することも大切です。

このように、随所に我が家らしいセレモニーを盛り込むと、葬儀の形が整いやすくなります。葬儀の前に、家族で話し合って「こんなお葬式にしたい」というイメージを固めるようにするといいでしょう。

セレモニーの例

音楽で送る

思い出を語る

Q25 家族葬にしようと思います。葬儀の形式や進め方は一般葬と何が違いますか？

A 親しい身内だけで従来の形式に縛られず進められる。家族とよく話し合って決めるといい。

家族葬は遺された家族やごく限られた人だけが参列する形式のお葬式で、一般的には配偶者や故人の直系親族（父母や子供など）、親しい友人などが参列します。

少人数で行われるため家族葬はプライベートでアットホームな雰囲気になりやすく、一般葬と違って、従来の形式にとらわれない葬儀を行うことができます。また、参列者どうしが互いに近い関係であるため、故人とのつながりを強く感じることができるでしょう。

家族葬は参列者が少人数で規模が小さいため、一般的な葬儀会場に比べて、かなり小さい会場で行うことも可能です。

これに対し一般葬は、葬儀に参列する会葬者を制限しません。故人の直系親族だけでなく、兄弟姉妹、おじ・おば、友人、知人、同僚、取引先、隣近所の人など、より広い範囲の人が参列します。会葬者を特に制限しないため、故人が社会的な人間関係を大切にしている場合、交友関係が広い場合などに向いています。

一般葬では多くの参列者を収容するため、広い葬儀会場や教会、礼拝堂などが使用されます。

親族などの理解が得られない場合もある

家族葬と一般葬の最大の違いは、お葬式に「誰が出席するか」です。

一般葬では訃報（ふほう）を知った人が自分の意思で参列しますが、家族葬では会葬者を限定して呼びたい人だけを呼ぶ形になります。そのため、昔からのしきたりを重視する親族などの中には、家族葬が正式なお葬式の形を破ったものと見なす人がいるなど、家族葬を行うことに理解が得られないケースもあります。

しかし、そのようなことは二の次の問題でしょう。家族葬と一般葬のどちらにするかは、家族や故人の希望・信念をもとに、よく話し合って決めることが大切です。

Q26 葬儀費用はいくら必要ですか？家族葬だとどのくらい安くなりますか？

A 平均相場は約195万円。家族葬だと80万～120万円といわれており、比較的安い。

葬儀費用は、「❶葬儀そのものにかかる費用」「❷飲食・接待にかかる費用」「❸お寺や僧侶にかかる費用」の3つに大別できます。

実際の葬儀費用は、葬儀の規模や地域によって異なります。会葬者50人程度の場合、❶は約120万円、❷は約30万円、❸は20万円程度。会葬者から香典を受け取った場合の香典返しの費用が約30万円かかり、総額200万円前後が目安となります。

以下、葬儀費用について具体的に見ていきましょう（下の表参照）。

❶葬儀そのものにかかる費用

遺体を葬儀会場に運ぶ搬送費、斎場の施設利用料、祭壇（さい）や祭壇回り（だん）の費用（仏具・棺（ひつぎ）・遺影・供花など）、火葬場までの搬送費、火葬費用、受付の設営費用などがかかります。

お葬式にかかる費用の目安

項目	内容	一般葬 50人程度	家族葬 10～30人程度
葬儀そのものにかかる費用	遺体の搬送費 斎場の施設利用料 祭壇の仏具、棺など 祭壇回りの費用 （遺影・供花・位牌・拾骨容器など） 焼香具 火葬場までの送迎費 葬儀社スタッフ人件費 看板・テント・受付 （芳名帳・筆記具・香典受けなど）	120万円	50万～100万円
飲食・接待にかかる費用	通夜振舞い、精進落とし 引き出物・香典返し・会葬礼状 お世話になった人への心づけ	30万円	人数による
小計	（お寺や僧侶にかかる費用、香典返しの費用などを除く）	150万円	80万～120万円

※表の金額は、あくまでも目安（編集部調べ）

なお、遺体の搬送手段や距離、斎場の広さや立地、棺の素材などによってかかる費用は異なり、火葬手続きや火葬施設の使用料も地域や施設によって異なります。また、家族や参列者の送迎費、司会者やスタッフの手配などの費用が生じる場合もあります。

❷飲食・接待にかかる費用

通夜振舞い、精進落とし、引き出物、香典返し、会葬礼状、お世話になった人やスタッフへの心づけなどがかかります。

❸お寺や僧侶にかかる費用

戒名（法名・法号）料、お布施、お車代などがかかります。戒名料は、故人の生前の状況やお寺への貢献度などによって異なります。

一般葬も家族葬も費用の内容はほぼ同じですが、家族葬は参列者が少ないため、一般葬に比べて費用が抑えられ、80万～120万円前後が相場とされています。

ただし、実際の葬儀費用は、地域や葬儀社によって異なるため、複数の葬儀社に見積もりを依頼して比較・検討することが肝心です。葬儀社と十分なコミュニケーションを取ることも重要になります。

Q27 霊柩車などの「車両代」、火葬場職員などへの「心づけ」はいくら必要ですか？

A 心づけは3000～5000円が目安。通常は直接手渡さず、葬儀社から渡してもらう。

霊柩車の使用料は車種や火葬場までの距離などによって異なりますが、走行距離が10キロ以下なら1万～2万円程度です。ただし、時間帯や待ち時間によって追加料金が発生することがあります。

火葬場職員への心づけの金額も地域や慣習によって異なり、3000～5000円が目安。心づけはあくまで感謝の意を示すものなので、自分の予算や事情に応じて金額を決めればよいのです。

なお、心づけは職員に直接手渡すのではなく、葬儀社を介して渡すのが一般的です。心づけの金額や方法については葬儀社スタッフのアドバイスを参考にし、地域の慣習に従うようにするといいでしょう。

Q28 「葬儀費用の補助」があると聞きました。いくらくらいもらえますか?

A **申請すれば埋葬料や葬祭費が給付される。埋葬料は一律5万円、葬祭費は自治体で異なる。**

葬儀を執り行った人への補助金として、国民健康保険・後期高齢者医療保険の「葬祭費」、健康保険の「埋葬料」、労災保険の「葬祭料(葬祭給付)」などの制度が設けられています。

国民健康保険・後期高齢者医療保険の葬祭費は、葬儀を行った日の翌日から2年以内に申請します。そのさい、故人の保険証、死亡事実が確認できる書類(火葬証明書など)、申請者の本人確認書類(運転免許証、マイナンバーカードなど)、申請者の預金通帳(または口座番号の控え)などが必要になりますが、申請先により提出書類は異なるので、事前に確認しましょう。

葬祭費の支給額は自治体によって異なり、3万~7万円です(東京都23区は7万円)。ただし、健康保険に加入していた被保険者が、退職後3ヵ月以内に死亡した場合は、退職前の健康保険から支給されるので、国民健康保険からは支給されません。

家族がいなければ埋葬を行った人に支給

健康保険に加入している被保険者が死亡した場合は、死亡した日の翌日から2年以内に、勤務先の健康保険の担当部署に申請すると、埋葬料として5万円が支給されます。被保険者の家族が死亡した場合には「家族埋葬料」が支給されます。なお、埋葬料を受けられる人(被保険者の扶養家族)がいないときは、実際に埋葬を行った人に5万円の範囲内で実費が支給されます。

労災保険の被保険者が、業務災害や通勤災害で死亡した場合には、葬祭を行った人は死亡した日の翌日から2年以内に葬祭料または葬祭給付を申請できます。

このほか、一定の条件を満たす場合に葬儀費用の一部を支給する「葬祭給付金」を設けている地方自治体もあります。また、労働組合や社会福祉団体の中にも葬儀費用の一部を補助する制度があります。

Q29 信頼できる「葬儀社」を選ぶポイントはなんですか？

A 早めの検討が肝心。数社から見積もりを取って比較し、担当者や会場などをチェックする。

葬儀社選びで最も当てになるのは、親族や友人・知人など、親しい人の口コミや評判です。また、インターネット上のレビューサイトや葬儀社の公式ウェブサイトのレビューなどを参考に、費用、誠実さや透明性、スタッフの質などについてチェックしましょう。

葬儀社を選ぶポイントについては、下の表を参考にしてください。これらのポイントを考慮しながら複数の葬儀社を比較・検討し、自分や故人の希望に合った信頼できる葬儀社を選ぶことが大切です。

葬儀社には「一般の葬儀社」「互助会系の葬儀社」「紹介制の葬儀社」の3タイプがあります。

一般の葬儀社は、それぞれの地域にあります。葬儀には地方独特の慣習も多いので、その地域で長く続き、信頼されている葬儀社を選ぶと安心です。

互助会系の葬儀社は、割安な会員価格が魅力ですが、追加費用が必要になるケースもあります。きちんと仕組みを理解したうえで利用を検討しましょう。

紹介制の葬儀社は、自社ブランドの葬儀を扱う葬儀社を企業や団体が紹介する仕組みです。全国一律のパッケージプランが主流で、価格設定が明瞭なため、利用者が増えています。

葬儀社選びのポイント

□ **費用は明確か？**

葬儀の費用について、ていねいに説明してくれることが大切。オプション、予算や希望への対応、見積もりや契約書のわかりやすさなどをチェックする。

□ **誠意ある対応か？**

葬儀はいつ必要になるかわからない。24時間対応であること、緊急連絡先を明示していること、あらゆる場合に誠意ある対応をしてくれることを確認する。

□ **スタッフの質はどうか？**

大切な人を亡くした直後だけに、適切なサポートが必要になる。専門的な知識を有し、適切なアドバイスができるスタッフをそろえていることを確認する。

※確認したら□に✓をつける

Q30 葬儀社を使わないで葬儀を行うことはできますか?

A できないことはないが、非常に困難。例えば、火葬に必要な棺などの購入ルートがない。

昔も今も葬儀社を利用しないで葬儀を行うことは可能ですが、葬儀には多くの手続きや準備が必要です。例えば、遺体の処置・保管には専門知識や設備が欠かせません。棺も自分で用意しなければなりませんが、一般人には購入ルートがなく、入手は非常に困難です。

葬儀会場の手配・確保も自分で行う必要があります。また、遺体の搬送や火葬には死亡届や火葬許可証などの取得が必要ですが、葬儀社を利用しなければ、これらの手続きを自分で行うことになります。

葬儀費用が足りないなら、通夜・告別式を省いて火葬だけを行う「直葬」にすれば安く抑えられます。その場合でも葬儀社から見積もりを取って判断しましょう。

Q31 葬儀社から受け取った見積もりは、どんな点をチェックすべきですか?

A 葬儀の必需品がそろっていることを確認する。「一式」と詳細の記載がなければ要注意。

見積書には、葬儀に必要な品目・費用が「セットプラン」「基本セット」「一式」などと記載されます。こうしたプランに何が含まれ、何がオプションかは葬儀社によって違うので、比較するさいは注意が必要です。一般的には、祭壇、棺、遺影写真、枕飾り、後飾り、生花装飾、ドライアイス、司会者や葬儀社のスタッフの人件費、受付備品や看板費、祭礼備品のほか、死亡届の代行手数料などが含まれます。

そのほか、通夜・葬儀の料理、会葬礼状・返礼品、供花・供物の費用、寝台車などの車両費、会場費、火葬場の休憩室の料金、遺体の保管料、火葬費用、宗教者への謝礼などが記載されていることを確認しましょう。

料理や会葬返礼品などの費用は参列者の数によって変わるので、参列者が増えたときの対応も確認しておきたいところ。また、火葬を行うまでに時間がかかると、その分、ドライアイスの費用がかさむことがあります。

葬儀社への支払いのタイミングや方法、キャンセル料に関する情報も確認しておきましょう。追加費用が発生した場合の対応や変更に関する条件も確認し、納得したうえで契約書を作成することが大切です。

葬儀社の見積書の例

	項目	内容	単価	数	金額
葬儀プラン・花祭壇	基本セット	一式	319,000	1	319,000
	お棺	6尺白布貼	セットに含む※		
	遺影写真	四つ切・手札			
	運営スタッフ	担当者			
	式典司会者	2日分			
	枕飾り	ご自宅用			
	後飾り	ご自宅用			
	ドライアイス	2回分			
	受付セット	備品貸出			
	宗教者道具	備品貸出			
	焼香道具	備品貸出			
	死亡届申請	手続き代行			
	花祭壇	スタンダード	220,000	1	220,000
	供花	ご親族様分	16,500	2	33,000
			小計①		572,000

	項目	内容	金額
車両関係	寝台車1	病院～自宅	セットに含む※
	寝台車2	自宅～斎場	
	霊柩車	△△セレモニー◎×～△□斎場	27,500
	マイクロバス	△△セレモニー◎×～△□斎場	44,000
		小計②	71,500

	項目	内容	単価	数	金額
追加項目・その他	ドライアイス	追加処置	11,000	2	22,000 ※
	ラストメイク	納棺師	44,000	1	44,000 ※
	お着せ替え	納棺師	11,000	1	11,000 ※
	白装束	金色襲	55,000	1	55,000 ※
	お布施	宗教者	－	－	直接
	寸志	心づけ	－	－	任意
			小計③		132,000

	項目	内容	単価	数	金額
料理	通夜	10人前セット	47,300	2	94,600
	配膳人	奉仕スタッフ	14,300	1	14,,300
	告別式	上セット	3,960	20	79,200
	配膳人	奉仕スタッフ	14,300	1	14,,300
	飲食代	両日分	およそ	―	20,000
			小計④		222,400

	項目	内容	単価	数	金額
返礼品	会葬礼状	お品物代に含む※			
	お香典返し				
	お香典返し				
	会葬御礼	静岡茶	1,080	20	21,600
			小計⑤		21,600

	項目	内容	単価	数	金額
斎場費用	式場使用料	セレモニー◎×	72,200	1	72,200
	保管料	安置施設	9,900	4	39,600
	火葬費用	△□斎場	59,000	1	59,000
	収骨容器	△□斎場	13,970	1	13,970
	休憩室	月の間	23,650	1	23,650
			小計⑥		208,420

見積金額（概算）／
小計①＋②＋③＋④＋⑤＋⑥ ＝
¥1,227,920

見積書を受け取ったら、セットやお品代に含まれる料金、追加分の料金を確認する（表中の※部分）

※この表はあくまでも一例であり、実際の見積書は個々に異なる

Q32 葬儀社との打合せでは、具体的にどんなことを話し合いますか?

A **喪主と世話役の決定、葬儀の形式、宗教・宗派の確認、葬儀の日程・場所など数多い。**

故人が生前に希望していた葬儀のスタイルや形式、セレモニーがあれば、まずはその内容を葬儀社に伝えましょう。故人の遺志を尊重し、最善の形で葬儀を行うためには、葬儀社と円滑なコミュニケーションを図り、故人の信仰・宗教に応じた葬儀プランを決めることが大切です。

大枠が決まったら、喪主(もしゅ)を誰が務めるかを決めます。必要に応じて世話人を選び、葬儀社との打合せに参加してもらうと物事がスムーズに運びます。

同時に、自身や家族の予算に合わせ、葬儀社の見積書に基づいて葬儀の費用について話し合い、費用の範囲内で満足のいく葬儀を実現するための調整を行います。

こうして葬儀の内容が固まったら、葬儀の日程やセレモニーのタイミングについて話し合います。関連する手続きや予約などの調整を行い、円滑な進行が可能な時間配分を決めていきましょう。

そのほかにも葬儀に関する要望や疑問があれば、きちんと話し合いましょう。

疑問を持っていたり、葬儀社に不信感を抱いていたりすると納得のいく葬儀ができません。疑問や不信感を解消することで、参列者に十分な配慮ができ、故人や家族の希望に応じた細かい調整を行うことができます。

葬儀社と話し合うポイント

	チェック事項
□	**葬儀の形式** (家族葬・一般葬・直葬など)
□	**セレモニーの内容** (故人の希望、宗教・信仰など)
□	**思想・信条、** 地域的・文化的な**慣習への配慮**
□	**葬儀の費用**について
□	葬儀に関する **オプション・追加費用**の確認
□	葬儀費用の**支払い方法**と **支払い時期**
□	葬儀の**場所の選定**
□	**葬儀の日程**(通夜・葬儀・時間配分)
□	**遺体の処置**と**搬送**

※確認したら□に✓をつける

Q33 葬儀を取り仕切る「喪主」はどう決めたらいいですか？

A 故人と最も縁の深い人が務めるのが一般的。1人でなく、複数で務めてもかまわない。

遺族の代表として葬儀を執り行い、会葬を受ける人を「喪主(もしゅ)」といいます。**通常は故人に最も近い家族、つまり、配偶者や子供が喪主を務めますが、家族の合意によって誰でもなることができます。**

また、喪主は必ずしも一人である必要はありません。兄弟姉妹の全員で喪主となることも、配偶者と子供が共同で喪主となることもできます。ただし、故人が喪主について明確な意思や遺言を残している場合には、それに従って喪主を決めることが適切です。

喪主は葬儀の準備や手続き、セレモニーの進行など多くの役割を担います。その役割をきちんと理解し、喪主に適した人物を選ぶことが大切です（第5章参照）。

Q34 葬儀を手伝ってくれる「世話役」は誰に頼んだらいいですか？

A 会社の同僚や近所の世話役など。喪主や遺族の心情を察してくれている人がふさわしい。

葬儀の「世話役」は、喪主(もしゅ)をサポートして**葬儀全般を取り仕切る役割を担います。**通常は故人をよく知る親族や家族の一人が世話役を務めますが、規模の大きい一般葬では、複数人が協力して務めることもあります。

世話役の役割は、多岐にわたります。例えば、葬儀の準備、料理の内容の選定、香典返しや供物・供花の手配、受付の依頼、参列者への連絡、遠方から参列する人の宿泊の手配、僧侶や菩提寺(ぼだいじ)との連絡、葬儀社との打合せなどです。

そのため世話役には、責任感があり、コミュニケーション能力が高く、周囲から信頼されている人物がふさわしいと考えられます。

Q35 「葬儀の日程」を決めるポイントはなんですか？

A 葬儀社のペースで慌てて決めないこと。僧侶の都合、斎場・火葬場の空きの確認も必要。

葬儀の日程は、慎重に決めなくてはいけません。葬儀の準備や関係者への連絡に要する時間などを考慮し、日程に余裕を持たせましょう。**できるだけ多くの人が参列できるよう、家族・親族だけでなく、故人の関係者が無理なく参列できる日程を組むことが大切です。**

ただし、葬儀会場や火葬場の空き状況、僧侶の都合などにより、希望した日程で葬儀が行えない場合もあります。菩提寺がある場合は、そこの僧侶に都合を聞いて葬儀社の担当者に伝えます。そして、僧侶・葬儀会場・火葬場の状況を勘案して日程を調整してもらいます。

葬儀の日程が決まったら、葬儀社に葬儀会場・火葬場・僧侶へ連絡してもらいましょう。

Q36 参列者への「会葬礼状」「返礼品」はどう準備したらいいですか？

A 礼状・返礼品は会葬者全員に渡すが、家族葬なら香典返しのみ行い省略するケースが多い。

通常の葬儀では、通夜や告別式に参列してくれた会葬者へ、お礼と感謝の気持ちを込めて**「会葬礼状」**と**「会葬返礼品」**（以下、返礼品）を渡します。

会葬礼状は本来、後日に郵送するものですが、近年は受付時や焼香後に返礼品や「清めの塩」といっしょに渡す形が主流です（左ページ下の例参照）。

返礼品は、厳密には通夜用の「通夜返礼品」と、告別式用の「会葬返礼品」に分かれます。ところが、昨今の通夜は「平日の日中に行われる告別式に参列できない人のためのお別れの場」となっているため、通夜でも告別式でも同じ品を渡すのが一般的です。

会葬礼状と返礼品は通常、葬儀社の基本的なパッケージプランに含まれています。葬儀社によっては定番の形式的な会葬礼状ではなく、オリジナルの会葬礼状を作成してくれるケースもあります。ただし、顔なじみの親しい人だけが集まる家族葬では、会葬礼状や返礼品を省略するケースが増えています。

返礼品は「不祝儀を後に残さない」という意味を込めて「消えもの」(消耗品)を選ぶのが通例で、お茶や紅茶、海苔(のり)、砂糖、日保ちする菓子類、洗剤などが一般的です。「故人が好きだったお菓子」を選ぶと、受け取った人に故人を偲(しの)ぶ気持ちが伝わるでしょう。そのほか、ブランドもののハンカチやタオルなどの実用品、商品券、プリペイドカード、図書券など、軽量でかさばらないものが選ばれています。

地域によっては返礼品の金額や品物の大枠が決められている場合もあるので、葬儀社や関係者とよく相談して返礼品を準備しましょう。通夜や葬儀に出られず、後日、自宅にお焼香に訪れる弔問客(ちょうもん)にも渡せるので、そのための予備分も用意しておくといいかもしれません。

なお、会葬者から香典を受け取った場合は、後で「香典返し」を渡すのが一般的です(Q37参照)。

会葬礼状の例

謹啓　亡父　文響　二郎(故人の名前)儀　令和▲年○月△日　九十二歳の天寿を全うし永眠いたしました　生前のご懇情に対し謹んでお礼申し上げます
尚　葬儀に際しましてはご多忙中にもかかわらずご会葬をいただき鄭重なるご厚志を賜り誠に有り難くお礼申し上げます
早速拝聴の上ご挨拶申し上げるのが本意でありますが略儀ながら書中をもってお礼申し上げます
敬具

令和▲年□月◇日
〒×××-××××
東京都板橋区○○町×-△
喪主　文響　小太郎
親戚一同

尚　本日は何かと混雑にとり紛れ不行き届きの段悪しからずご容赦くださいますよう御願い申し上げます

Q37 香典は「当日返し」にしたいと思います。高額の場合、「後日返し」は必要ですか？

A 最近、香典は当日返しが主流。1万円以上なら、これですませず後返しもするのが礼儀。

仏式のお葬式の場合、四十九日（七七日）の「忌明け（きあけ）」に、葬儀が無事に終わったことの報告と、いただいた香典のお礼をかねて「香典返し」を贈ります。なお、キリスト教式では「昇天祭」「追悼（ついとう）ミサ」（1ヵ月後）、神式では五十日祭（50日後）が忌明けの目安です。

従来はこうした忌明けに贈る「後日返し」が主流でしたが、近年は忌明けを待たず、葬式当日に香典返しをすませる「当日返し」（即返し）が増えています。当日返しの場合、一律価格の香典返しの品物を用意しておき、高額の香典をいただいた人には後日改めてふさわしい品物を贈る、あるいは香典の金額に応じた品物を何種類か用意して選んでもらうという方法が取られています。

香典のお礼である当日返しと、改葬のお礼である「会葬返礼品」（Q36参照）はよく混同されますが、別物です。基本的に、会葬返礼品は参列者全員に配り、香典返しは香典をいただいた人だけに渡します。

❶香典返しの金額

香典返しの相場は「半返し」が基本。地域によって異なりますが、いただいた香典の2分の1～3分の1程度の金額の品物を贈るのが一般的です。そのため、当日返しでは2000～3000円前後（香典の平均額は5000円）の品物が多く選ばれています。本品をもっ

香典返しの例

◉ 一般的な香典返しの金額

香典（5,000円の場合）	
香典返し（2,500円）	

◉ 高額の香典をいただいた場合

高額の香典（3万円の場合）	
香典返し（2,500円）	後日お返し（1万2,500円）

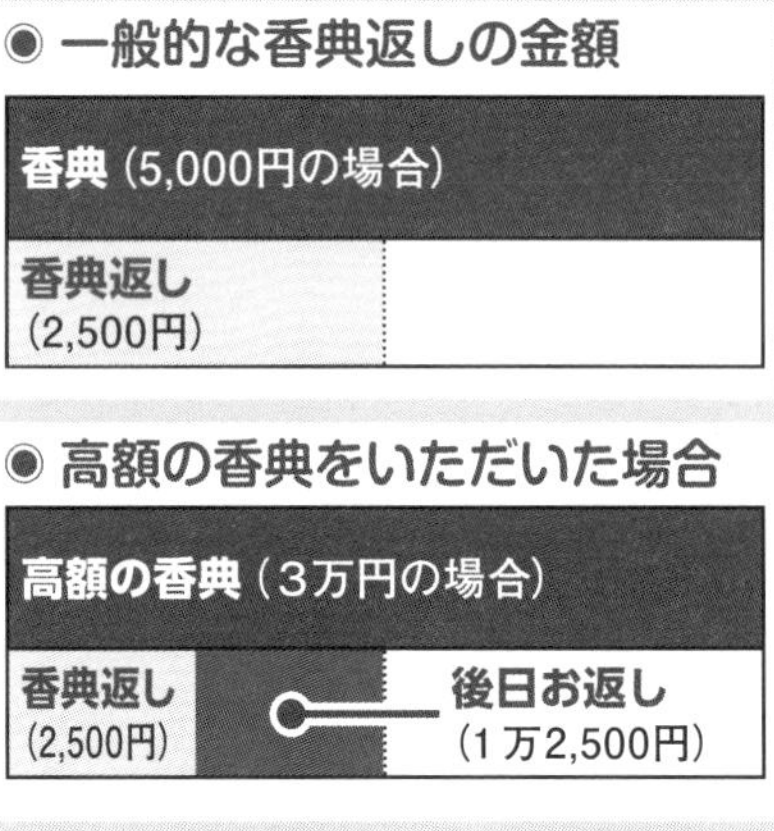

香典は「半返し」が基本で、香典が5,000円なら香典返しは2,500円。3万円の香典をいただいた場合は当日返し2,500円、後日返し1万2,500円とするのが一般的。

て香典返しとする旨を記した礼状を添えて渡します。

❷高額な香典をいただいた場合

1万円以上の香典をいただいた人には、忌明けに後日返しを贈ります。1万円の香典に対して2500円の当日返しを渡していたなら、改めて2500円程度の品物を贈りましょう。

なお、高額（5万～10万円）の香典を受け取った場合は、必ずしも半返しにこだわらなくてもよいとされています。「葬儀の足しに」「今後の生活のために」という配慮が込められているからで、3分の1～4分の1ほどのお礼の品を贈ればいいでしょう。ただし、地域の慣習や親族間のルールがある場合は、それに従いましょう。

❸香典返しの品物

会葬返礼品と同じく、不祝儀を残さないという考え方があるため、後に残らないものが好まれます。

近年は当日返しでも会葬者の荷物にならない、好きなものを選べる、予算や香典の額に柔軟に対応できる「カタログギフト」が人気です。品物選びや金額に迷ったら葬儀社の人に相談し、感謝の気持ちがしっかり伝わる品物を選ぶように心がけましょう。

Q38 故人の「遺影」はどのような写真を選んだらいいですか？

A 最近の写真でなくてもOK。元気だったころの故人らしい写真を3枚くらい選ぶといい。

遺影には、故人が気に入っていた写真や、笑顔が素敵な写真を選びましょう。家族や親しい人が協力して、故人のイメージや個性を思い出せるような写真を選ぶことをおすすめします。

古い小さな写真しかないときは3枚ほど選んで葬儀社に預け、拡大・修正してもらいます。スマートフォンで撮った写真（デジタルデータ）ならきれいにプリントでき、色調や明るさ、背景を修正し、より美しい遺影を作ることが可能です。葬儀社の担当者に相談してみましょう。

大切なのは、故人の思い出や個性を反映させ、家族や関係者が心に残る遺影を作ること。生前に遺影用写真を撮っておく人も増えています。

Q39 葬儀社との打合せ後、親族などへの「訃報の連絡」はどのように行いますか？

A 葬儀の詳細が決まったら親族や友人・知人、勤務先などに訃報を速やかに連絡する。

故人の臨終に立ち会えなかった家族や特に懇意にしていた親族や友人には、死亡後すぐに「訃報の連絡」を行います。○○が亡くなったという事実と、自分の連絡先（電話番号）を明確に伝えることが大切です。

三親等あたり以降の親族（おじ・おば、いとこなど）や友人、知人、勤務先などに伝えるのは、葬儀の日程などが決まってからにしましょう。詳細が決まらないうちに知らせても、相手に二度手間をかけることになります。

特に親しい人には、喪主などの家族の代表者が電話、あるいは面会して伝えます。

そのほかの人には、訃報を伝えるハガキを作成し、郵送します。最近は、SNSで訃報を伝えることも一般的になっています。しかし、目上の人や年配の人には電話を入れ、相手が出ない場合は「それではメールをお送りしますので、ご確認ください」とメッセージを残すなど、ていねいな連絡を心がけましょう。

訃報として伝えなくてはならない内容は、故人の名前、亡くなった日時です。それらに加え、通夜や葬儀の日時と場所、喪主の名前と故人との間柄、喪主の連絡先などを伝えます。

訃報連絡の文例（ハガキの場合）

令和▲年九月◎日早朝　文響 二郎（故人の名前）が永眠いたしましたのでご報告申し上げます
生前中のご厚誼に深く感謝いたします
尚　下記の通り通夜並びに葬儀を仏式にて執り行います

記

一．日時
通夜：令和▲年九月×日　午後六時〜
葬儀：令和▲年九月△日　午前十一時〜

二．場所
△△セレモニー◎×（葬儀場の名前）
住所：東京都板橋区○◎町△－×
電話：03－○○○－○○○○

三．喪主
長男（故人との間柄）文響 小太郎（喪主の名前）
住所：東京都板橋区△△町◎－×
電話：03－○○○－○○○○

Q40 葬儀に参列してもらう人や親族の範囲はどう決めたらいいですか？

A 参列してほしい人、訃報を知らせるだけにとどめる人に分け、リストを作成するといい。

葬儀には通常、配偶者（妻または夫）、故人と血縁関係のある子供・父母・祖父母などの直系親族や兄弟姉妹、そして故人の友人・知人、近隣の住民などが参列します。また、故人が働いていた会社や所属していた団体の関係者が参列することもあります。

しかし、これは一般的なケースにすぎず、葬儀に誰を呼ぶかは故人との関係で異なります。

家族葬の場合、会葬者を制限することになります。できれば本人が元気なうちに、葬儀に参列してもらう「会葬者リスト」を作っておくといいでしょう。

遺された家族は、葬儀の日程などが決まったら、全員で話し合って葬儀に呼ぶ人の範囲を決めます。そのうえで「葬儀に呼びたい人」と「訃報を知らせるにとどめ葬儀への参列を遠慮してもらう人」に分け、会葬者リストを作成します。葬儀に呼ぶ故人の友人・知人については、「故人がこの人に送ってもらえたら喜ぶだろう」と思える人に声をかけましょう。

「受け入れる」「断る」を決めて毅然と対応

出席を遠慮してもらう人には直接訃報を知らせず、葬儀後にあいさつをかねて故人の死亡を伝える方法もあります。しかし、訃報を知って「葬儀に参列したい」と申し出る人がいるかもしれません。そこで、事前に「受け入れるのか」「断るのか」を決めておき、毅然と対応することが大切です。可能であれば、家族葬であることを伝え、お焼香だけをしてもらうことも考えられます。

近年増えている家族葬の参列者は、おおむね1～2親等以内です。具体的には故人の配偶者、父母、祖父母、子供とその配偶者、孫とその配偶者、兄弟姉妹とその配偶者などとなります。

家族葬を行う場合は、その旨をあらかじめ周囲にしっかり伝えておくことが重要です。

Q41 訃報だけ知らせて参列を断る親族などには、どう伝えたらいいですか？

A 故人の希望を理由に、やんわりと断る。相手の反応でどうするかも決めておくこと。

葬儀への参列を断る場合は、葬儀の主催者である喪主が、早めに対面または電話で訃報（ふほう）を直接伝えるのが適切です。相手が気を悪くすると思って事後報告にすると、かえって関係をこじらせてしまいかねません。断る理由をていねいに、誠意をもって伝えることが大切です。

参列を断るさい、波風が立ちにくいのは「故人の遺志」という文言です。故人とお別れをしたいという気持ちがどんなに強くても、故人の遺志といわれては受け入れざるを得ないからです。

参列を断る相手によっては、スマートフォンのＳＮＳ（ソーシャルネットワーキングサービス）やメールを使って断りのメッセージを出すこともできます。ただし、直接の対面や電話連絡に比べると、相手の疎外（そがい）感を増幅させる可能性が高いので、できるだけていねいにメッセージを伝えることが重要です（下の文例参照）。

とはいえ、どんなに断っても「参列したい」と申し出る人がいないとは限りません。その場合には無理に断らず、斎場では祭壇（さいだん）にお焼香を、自宅では仏壇にお線香をあげてもらうことが考えられます。

故人との関係を大切に思う相手の気持ちを尊重し、ていねいな対応を心がけましょう。

参列を断るときの文例（ＳＮＳの場合）

◎×□△　様

母　松子（故人の名前）につきまして　かねてより療養しておりましたが　令和▲年９月◎日　93歳にて逝去致しましたことをご報告させていただきます
葬儀につきましては故人の遺志により家族のみで執り行わせていただきます
葬儀への御参列　御弔電　御香典　御供物　供花等につきましては大変恐縮でございますが　固くご辞退させていただきます

文響 小太郎（喪主の名前）

第4章

お葬式編④

通夜・葬儀・告別式の進め方についての疑問15

▶Q42〜56◀

回答者

山本宏税理士事務所所長　税理士

山本 宏（やまもと ひろし）

山本文枝税理士事務所所長　税理士

山本文枝（やまもとふみえ）

心を込めて故人を弔うなら通夜・葬儀・告別式の一連の儀式は一部省略しても問題なし

翌日

葬儀と告別式はどう違うんだろ?

葬儀

遺族による宗教的な儀式

告別式

遺族以外の親族・友人・知人などによる社会的な儀式

本来全く違う儀式じゃ

かつて告別式は葬儀後に会葬者全員が故人をお墓まで見送り埋葬前に最後のお別れをする儀式じゃった

今では同じ葬儀会場で葬儀後に引き続き告別式を行うのが一般的になっておる

厳密には読経中に遺族が焼香をするまでが葬儀　そしてほかの親族が焼香を始めてからが告別式となる
なるほど〜

さっきから2人で何をしゃべっているんだ?

あれ?

Q42 「通夜」はどんな流れで行いますか？

A 仏式では一般的に、会場集合➡開式・読経➡焼香➡閉式➡通夜振舞いの順に行う。

仏教（仏式）の「通夜（つや）」には、亡くなった当日に近親者が集まって行う「仮通夜」と、葬儀の前日に一般会葬者を受け入れて行う「本通夜」があります（Q43参照）。とはいえ、仮通夜は省略されることが多いので、ここでは本通夜の流れについて説明しましょう。

通夜は、その名のとおり夜に行う儀式です。ふつうは午後6時から始まり、午後9時ごろまで行います。

通夜の流れは、左ジペーのフローチャートのようになります。まず、各自会場に集合して着席。予定の時間になったら開式し、僧侶が入場して読経（どきょう）を始めます。次に、喪主（もしゅ）➡遺族➡親族➡一般会葬者の順に焼香します。全員の焼香が終わったら、僧侶が法話・説話を述べて退場、閉式となります。通夜の儀式はここまでです。

その後、喪主が参列者にあいさつをします。あいさつの内容は、参列者への感謝の言葉、この後に行う「通夜振舞い」と翌日の葬儀・告別式の案内などが中心になります。故人の臨終については会葬礼状に記載されているのでくわしく述べる必要はありませんが、臨終前の様子を簡潔に伝えてもいいでしょう（Q66参照）。

帰宅前に翌日の葬儀の打合せをする

喪主のあいさつの後、通夜振舞いを行う会場に移動して会食します。喪主は、僧侶や参列者にお酌をしながら感謝の気持ちを伝えましょう。また、翌日の火葬に同行する参列者の人数を確認します。通夜振舞いが終わったら、散会・帰宅となります。

通夜の所要時間は、読経・焼香の儀式が1時間程度、通夜振舞いが2時間程度です。

参列者らを見送ったら、葬儀社と翌日の葬儀・告別式に向けて打合せをします。具体的には、葬儀の流れや段取り、葬儀費用の精算の方法、返礼品の手配の状況などについて確認することになります。

通夜（本通夜）の一般的な流れ

❶ 集合・受付
➡2時間前には斎場に到着する
会葬礼状の内容、供花・供物の札の氏名、座席数などを確認する
供花・供物を出した親族から集金をする
通夜開始の30分前から受付を開始する

❷ 僧侶到着
➡斎場に僧侶が到着したら、あいさつをする

❸ 会場に着席
➡通夜を行う会場に入り、所定の座席に着く

❹ 開式・僧侶入場
➡通夜が始まり、僧侶が会場に入場する

❺ 読経
➡僧侶が祭壇の前に座り、読経を始める

❻ 焼香
➡僧侶から促されたら焼香を開始する（僧侶は読経を続ける）
喪主から血縁の近い順に焼香をする

❼ 法話・説教
➡僧侶から法話・説教が述べられる（省略する場合もある）

❽ 僧侶退場・閉式
➡通夜の儀式が終わり、僧侶が会場から退場する

❾ 喪主あいさつ
➡参列者に感謝の言葉を述べ、通夜振舞いを案内する

❿ 通夜振舞い
➡僧侶や参列者にお酌をしながら感謝の気持ちを伝える
翌日の火葬に参列する人数を確認する
通夜振舞いが終わったら、葬儀社と葬儀に向けて打合せをする

Q43 そもそも通夜とはなんですか？ 必ず行わなければなりませんか？

A 故人と過ごす最後の夜の儀式。故人を偲び枕経などを行うが、最近は省略することも多い。

「通夜」とは、故人と最後のときを過ごし、冥福を祈る夜の儀式です。 僧侶にお経をあげてもらい、遺族、親族、一般会葬者は焼香して故人を偲びます（Q42参照）。

本来、通夜は、亡くなった日の夜に家族や親族が集まって僧侶にお経をあげてもらったり、線香の火が絶えないように夜通し見守ったりする儀式でした。今でも「仮通夜」として、昔ながらの風習は残っています。

しかし、時代が変化し、最近の通夜は、遺族や親族だけでなく幅広く一般会葬者を受け入れる「本通夜」が主流になっています。仮通夜、本通夜の両方を行うこともありますが、実際には仮通夜を省き、本通夜のみを行うことが多いようです。

最近の家族葬では、通夜を省略するケースも少なくありません。特に、家族葬の一種である「一日葬」では、1日のスケジュールで葬儀をすべて終わらせなければなりません。そのため、通夜を簡略化したり、省いたりします（Q7参照）。

しかし、訃報を広く伝える一般葬では、参列を希望する一般会葬者が多く訪れるので、本通夜を省くわけにはいきません。本通夜には、昼間に仕事をしている人にとって葬儀よりも参列しやすいという側面もあります。

通夜を省く場合は、会葬者を限定する家族葬を選びましょう。

仮通夜と本通夜の違い

	仮通夜	本通夜
行うタイミング	亡くなった当日に行う	葬儀の前日に行う
行う場所	自宅か安置所	主に斎場
列席・参列する人	遺族、親族	遺族、親族、会社関係者、友人、知人、近隣住民など

Q44 通夜の直前に確認しておくべきことはありますか？

A 会葬礼状や供花の名前を確認するほか、供花や供物の代金の集金などをチェックする。

通夜（本通夜）の当日、喪主と遺族は開式よりも2時間ほど前に斎場へ入り、最終確認を行います。

まず、気をつけなければならないのは参列者に渡す「会葬礼状」です。会葬礼状には、故人が亡くなったことを告げる文章、通夜・葬儀の日時、喪主の氏名・住所などが記載されます。一字一句を読み、誤字などがないか確認しましょう。特に、故人と喪主の名前が逆になっていることが多いので要注意です。同様に、供花・供物の札に記載されている氏名も確めてください。

次に、遺族・親族、会葬者の人数分の座席があるかどうかを確認します。不意の会葬者が訪れることも予想されるので、座席は多めに用意しましょう。

通夜振舞いの食事も、数が足りるかどうかを確認しましょう。僧侶が通夜振舞いに出席しない場合は、代わりに「お膳料」を用意します。

親族が供花・供物を出している場合は、通夜の儀式が始まる前に集金します。集金係を決めておきましょう。

香典を辞退する場合は、「ご厚志お断り」の告知を受付に掲示します。その有無も確かめてください。

通夜直前のチェックリスト

	チェック事項
□	**会葬礼状**に間違いはないか？（故人名、喪主名、日付、住所）
□	**供花・供物の札**に記載されている氏名は正しいか？
□	**座席数**は十分にあるか？（不意の会葬者用に座席は多めに用意）
□	**通夜振舞い**の食事の数は十分に用意しているか？
□	僧侶が通夜振舞いに出席しない場合、**お膳料**を用意したか？
□	**供花・供物の代金**は、誰が親族から集金するのか？
□	香典を辞退する場合、**「ご厚志お断り」**の告知を受付に掲示したか？

※確認したら□に✓をつける

Q45 僧侶への「お布施」はいつ渡しますか？いくら包んだらいいですか？

A 葬儀の開式前に直接手渡す。お布施は定額ではないので、迷ったら僧侶に直接確認を。

通夜(つや)・葬儀の「お布施(ふせ)」は、戒名料(かいみょうりょう)を含めてまとめて渡します。渡すタイミングに決まりはありませんが、通夜が終わった後か、葬儀の開式前が多いようです。もっとも、通夜の後は会食（通夜振舞い）でお酒を飲むこともあるので、葬儀の開式前のほうがいいでしょう。

なお、交通費として「お車料」、精進落としに出席できない場合は「お膳料(ぜん)」を併せて渡すこともあります。

お布施は、寺院や僧侶への感謝の気持ちとして渡すものなので、本来なら金額は自由に決めてかまいません。しかし、菩提寺(ぼだいじ)との長い付き合いを考えたら、相場に合ったお布施を渡すのが礼儀です。特に、戒名料は高位になるほど金額が高くなるので、授かる戒名に見合ったお布施を渡す必要があるとされています。

お布施の相場の目安については、下の表を参照してください。これはおおよその目安であり、実際には地域差が大きいと考えたほうがいいでしょう。

一番確実なのは、僧侶にお布施をいくら用意すればいいのかを電話などで確認することです。臨終後、菩提寺へ連絡するさいに問い合わせるといいでしょう。

僧侶に渡すお布施の相場

通夜・葬儀	10万～35万円程度
戒名料	10万～100万円程度 ※30万～50万円程度が多い
初七日	3万～5万円程度 ※葬儀に含まれることが多い
四十九日	3万～5万円程度
納骨	1万～5万円程度 ※四十九日に含まれることが多い
初盆	1万～5万円程度
一周忌	3万～5万円程度
三回忌	1万～3万円程度
お車料	5,000円～1万円程度
お膳料	5,000円～1万円程度

※表の金額は、あくまでも目安（編集部調べ）

Q46 「通夜振舞い」はどう行いますか？省くことはできますか？

A 任意なので省くことは可能。その場合、僧侶にはお膳料、参列者には粗供養品を渡す。

通夜は夕方から夜にかけて行います。夕食の時間と重なるため、**通夜が終わったら僧侶や参列者に料理やお酒を振る舞う「通夜振舞い」を行うのが一般的です。**

では、質問のように通夜振舞いを省くことはできるのでしょうか。答えはイエス。**通夜振舞いは任意に行うものなので、省くことは可能です。**

しかし、通夜振舞いの風習は地域差が大きいので要注意。関東など東日本では通夜振舞いを行うことがマナーとなっており、安易に省くと問題になります。

なんらかの理由で通夜振舞いを省く場合は、僧侶に食事代わりの「お膳料」を渡し、参列者には「粗供養品」として弁当、ビール券などを渡すといいでしょう。

Q47 「葬儀」「告別式」はどんな流れで行いますか？

A 一般的には開式→読経→弔辞→焼香→告別式→出棺→火葬→収骨→還骨→精進落しの順。

葬儀・告別式を行う日は、斎場での受付から最後の精進落としまで一連の流れがあります。くわしくは、76ページのフローチャートを参照してください。

このフローチャートは、葬儀・告別式で行う主な事柄をまとめたものです。ほかにも、僧侶へお布施を渡したり、葬儀社と最後の打合せをしたり、場合によっては葬儀費用を精算したりすることがあります。

なお、初七日は本来、故人が亡くなった日から数えて7日めに行いますが、葬儀の日に行う「繰上げ初七日」が増えています。繰上げ初七日には、火葬を終えた後に行う「戻り初七日」、葬儀の途中に行う「式中初七日」があり、主に戻り初七日が行われます（Q54参照）。

葬儀当日の一般的な流れ

- **受付（香典・記帳）** ➡ 参列者は芳名帳に記名する
- **着席** ➡ 会場の所定の席に着く
- **僧侶入場・開式** ➡ 僧侶が祭壇の前に座る
- **読経・引導** ➡ お経をあげる
- **弔辞・弔電** ➡ 僧侶が弔辞を述べ、司会が弔電を読む
- **読経・焼香** ➡ 遺族らが順に焼香する
- **僧侶退場・閉式** ➡ 僧侶が退場する
- **別れ花** ➡ 棺の中に供花を入れる
- **釘打ちの儀** ➡ 棺の四方に打ちつけた釘を石でたたく
- **喪主あいさつ** ➡ 喪主が参列者にあいさつをする
- **出棺** ➡ 棺を霊柩車に乗せ、火葬場に移動する
- **火葬** ➡ 棺を炉に入れて火葬。納めの式を行う
- **収骨（骨揚げ）** ➡ 遺骨を骨壺に納める
- **還骨法要** ➡ 斎場に戻り、読経、焼香を行う
- **戻り初七日** ➡ 繰上げ初七日として読経、焼香を行う
- **精進落とし** ➡ 僧侶、参列者らと会食する

Q48 葬儀の開式前にはどんな準備が必要ですか?

A 家族や親族は早めに会場入りして受付の準備を始め、喪主は葬儀社と最後の打合せを行う。

葬儀当日、喪主(もしゅ)や遺族は、通夜(つや)(本通夜)と同じように2時間前までには斎場に入り、最終的な準備をします。親族に受付を手伝ってもらう場合は、その人にも早めに斎場へ来てもらいましょう。

受付には、テーブルを設置して芳名帳を広げ、その横に筆ペンを置きます。受付の後ろには返礼品、香典リストを控えておき、参列者から香典をもらったら返礼品を渡し、香典リストに氏名を記入します。返礼品の数が十分にあるかどうかを事前に確認しましょう。

僧侶が来場したら、控え室に案内してあいさつをします。このときに、お布施(ふせ)を渡すといいでしょう。精進落としに出席できない場合は、お膳(ぜん)料も併せて渡します。

開式の30分ほど前から受付を始めますが、参列者の数が予想より多い場合は精進落としの料理の数を増やせるか、火葬場への移動手段は大丈夫か(マイクロバスの席に空きはあるか)といったことを確認してください。

葬儀の日に葬儀費用を支払う場合は、開式前に現金で精算することがあるかもしれません。葬儀の日は、時間に余裕をもって会場入りすることが大切です。

葬儀直前のチェックリスト

	チェック事項
□	**お布施**を用意したか? (同封した金額を再確認する)
□	参列者に渡す**返礼品**の数は 十分に用意しているか?
□	**受付**の準備は整ったか? (芳名帳、筆ペン、香典リスト、返礼品)
□	**精進落とし**の食事の数は 十分に用意しているか?
□	僧侶が精進落としに出席しない場合、 **お膳料**を用意したか?
□	**葬儀費用を精算**する場合、 現金を用意したか?
□	**火葬場**への**移動手段**(マイクロバスなど) を人数分手配しているか?

※確認したら□に✓をつける

Q49 葬儀の開式後、どこまでが葬儀、どこからが告別式となりますか？

A 開式から遺族や親族が焼香するまでが葬儀。友人・知人による焼香からが告別式になる。

葬儀と告別式はいっしょに行うのが一般的で、明確な区切りがあるわけではありません。僧侶（導師）の入場を開式、僧侶の退場を閉式といいますが、これは必ずしも葬儀と告別式の区切りではありません。

正しい区切りは、焼香のタイミングです。開式から遺族・親族の焼香が終わるまでが葬儀、友人・知人など一般会葬者の焼香から出棺までが告別式となります。一般会葬者がいない場合は、開式から閉式までが葬儀、別れ花から出棺までが告別式といえるでしょう。

このような区切りになるのは、葬儀はあくまでも宗教的な弔(とむら)いの儀式、告別式は社会的なお別れの儀式と考えられているからです。

Q50 メッセージ披露など「特別のセレモニー」を予定しています。どう行いますか？

A 我が家らしいセレモニーを考えたい。家族葬の場合は弔電を披露した後か、閉式後に行う。

最近は、従来のしきたりにとらわれない葬儀・告別式を希望する人が増えています。一般葬や家族葬の場合でも、無宗教葬（Q10参照）ように「特別のセレモニー」を行うことがあります。

例えば、遺族が悼辞(とうじ)を読んで故人に最後のメッセージを送る、故人が好きな音楽を演奏する、歌をうたうなど、やり方はさまざまです。故人に喜んでもらえる「我が家らしい」セレモニーを企画すればいいでしょう。

とはいえ、特別のセレモニーが宗教儀式の妨げになってはいけません。行う場合には、弔電披露(ちょうでんひろう)の後か、閉式後がおすすめです。くわしくは、葬儀社との打合せのときに相談してください。

Q51 葬儀の閉式後の「別れ花」「釘打ちの儀」「出棺」はどう行いますか?

A 閉式の後に、棺の中へ供花を入れる別れ花を行い、釘打ちで棺を閉じて出棺する。

葬儀の後は、引き続き告別式を行います。

告別式でメインとなる儀式は、参列者が棺の中に生花を入れる「別れ花」（花入れともいう）です。この儀式は、参列者が故人と直接向き合える最後の機会となります。花を捧げるだけでなく、副葬品も追加で納められるので、納め忘れがないようにすべて用意しましょう。

棺に入れる花は、祭壇の両わきに飾る供花を使うのが一般的です。葬儀社のスタッフが供花を切り、お盆に乗せて持ってくるので、参列者はそれを受け取って棺の中に入れます。花を捧げる人の順番は、焼香をする順番と同じです。花を入れるときは、顔の周囲から体を覆っていきます。故人に話しかけながら花を捧げましょう。

別れ花が終わったら棺の蓋を閉じ、その四方に釘を打って開かないようにします。これを「釘打ちの儀」といいます。参列者は、半分ほど打ち込まれた釘を石で形式的に一打します。釘を打つ人の順番は、やはり焼香と同じです。参列者が一通り釘を打ち終わったら、葬儀社が浮き出ている釘をしっかりと打ち込みます。

その後、喪主が会葬者にあいさつをします。このあいさつでは、参列への感謝を述べるとともに、故人への思い、現在の心境、今後の決意などを伝えます。あいさつが終わったら、棺を霊柩車に移して「出棺」となります。

釘打ちの儀のやり方

別れ花が終わると、棺の蓋を閉じ、その四方に釘を打ちつける。参列者は、焼香と同じ順番で浮き出た釘を石で形式的に一打する。

Q52 火葬場での「火葬」や「骨揚げ」では、どんな点に注意すべきですか？

火葬場には火葬許可証の提出が不可欠。火葬場でのマナーや骨揚げの順番などに注意。

A

出棺して火葬場に到着すると、予約していた時間に「火葬」が行われます。**火葬には「火葬許可証」（Q16参照）が必要なので、事前に用意しておきましょう。**

火葬場に到着後、棺はすぐに炉へ入れられます。そして、炉の前で僧侶が読経し、参列者は遺影に向かって焼香します。これを「納めの式」といいます。

火葬中は、休憩室へ移動して待機します。休憩室では、部屋の使用料や飲食代がかかり、その場で支払わなければなりません（火葬代は葬儀社が精算する）。

火葬が終わったら、収骨室へ移動して「骨揚げ」を行います。骨揚げとは、専用の箸を使って遺骨を骨壺に納める儀式です。骨揚げは、喪主➡遺族➡親族➡知人・友人の順に2人1組で行います。骨揚げのやり方は2つあるので（下の図参照）、どちらを行うかは係員に確認してください。遺骨は、足➡腕➡腰➡背骨➡肋骨➡歯➡頭蓋骨➡喉仏の順に骨壺に納めますが、最後に係員がこの順番に納めてくれるので気にしなくても大丈夫です。

収骨が終わると、骨壺と埋葬許可証が白木の箱に入れられ、白いカバーをかけて係員から遺族に渡されます。

骨揚げのやり方

● **骨揚げのやり方①**　2人1組になり、いっしょに箸先で1つの骨を拾い上げて骨壺に入れる。

● **骨揚げのやり方②**　1人が箸先で拾い上げた骨を相手の箸先に渡し、その相手が骨壺に入れる。

Q53 遺骨を分けて供養する「分骨」はどう行いますか？

A 分骨する場合は、火葬前に葬儀社に相談を。事前に複数の骨壺を用意する必要がある。

「分骨」とは、火葬した故人の遺骨を2つ以上に分けて複数の骨壺に納めることです。

遺族の中には、「本山（各宗派の頂点に立つ寺院）に遺骨を納めたい」「自宅にも遺骨を置いて供養（手元供養）したい」と希望する人がいます。そのような場合、お墓に納骨する分とは別の遺骨が必要になるので、あらかじめ骨壺を別にする分骨が行われるのです。

分骨には火葬場で行う場合と、お墓から取り出して行う場合の二通りがあります。ここでは、火葬場で行う場合について説明しましょう。

火葬場で分骨するときには、事前に葬儀社へ依頼して必要な数の骨壺を用意してもらいます。お墓に納骨する骨壺は大きめのもの（通常サイズ）を選び、手元供養用には小さめのものを選ぶといいでしょう。

分骨した遺骨をお墓に納骨するときには「分骨証明書」が必要になります。これは、火葬場で発行してもらえる「火葬証明書（分骨用）」のことです。分骨証明書は、分骨した数だけ必要になります。手元供養をする場合でも、必ず発行してもらいましょう。

分骨の主な流れ

火葬場で分骨する場合

必要な分の骨壺を手配する

➡ 葬儀社と打ち合わせのさいに、必要な分の骨壺を用意してもらうように頼む。

▼

火葬場に分骨証明書を発行してもらう

➡ 分骨した遺骨を納骨するためには、分骨証明書が必要（分骨した数だけ必要になる）。

▼

複数の骨壺に遺骨を分けて納める

➡ 火葬場で骨揚げのときに複数の骨壺を用意し、遺骨を分けて納める。

お墓から骨壺を取り出して分骨する場合は、菩提寺や霊園の管理者に依頼して必要な数の分骨証明書を用意してもらう。

Q54 火葬後の「還骨法要」「初七日法要」はどう行いますか？

A 火葬場から斎場に戻ったら一般的に、清めの儀式、還骨法要、初七日法要を執り行う。

火葬・収骨を終えたら、骨壺や位牌、遺影を持って火葬場から斎場に戻り「還骨法要」を行います。これは、遺骨になって帰ってきた故人を追悼する儀式です。

還骨法要では、祭壇に骨壺、位牌、遺影を安置してから僧侶が読経し、遺族らが焼香します。

本来なら、還骨法要をもってお葬式は終了となりますが、最近は「初七日法要」を葬儀の日に前倒しする、「繰上げ初七日」を行うのが一般的になっています。

繰上げ初七日には、出棺前に葬儀に続けて行う「式中初七日」と、火葬が終わって還骨法要がすんだ後に行う「戻り初七日」があります（下の表参照）。

通常、繰上げ初七日といえば戻り初七日を指します。寺院によっては火葬前に初七日法要を行わない場合があるため、式中初七日はどちらかといえば少数派です。繰上げ初七日を行うときは、どちらのやり方がいいのかを菩提寺に確認しておきましょう。

初七日法要では、葬儀と同じように僧侶が読経し、遺族らが焼香します。そして、最後に、僧侶から初七日の意味などについて説法が行われます。

ところで、繰上げ初七日を行うのは、遺族・親族の負担を軽減するためです。場合によっては、四十九日法要も葬儀の当日に繰り上げて行われることがあります。

戻り初七日と式中初七日の違い

	戻り初七日	式中初七日
行うタイミング	火葬が終わり、還骨法要がすんだ後に行う	出棺前に、葬儀に続けて行う
特徴	本来の初七日法要のように行われる	葬儀の延長のような形で行われる
列席・参列する人	主に遺族、親族	葬儀の参列者全員

Q55 「精進落とし」を行うさい、どんな点に注意すべきですか？

A 葬儀の締めくくりに精進落としを行う。席順、喪主あいさつ、献杯後の会食に注意が必要。

葬儀の後には、僧侶や参列者へのおもてなしとして、「精進落とし」（お斎ともいう）を行います。

流れとしては、まず、会食の会場へ移動して席に着きます。**席順は明確に決まっていませんが、僧侶は上座、喪主・遺族は下座、親族や友人などは中間の席に着きます。ちなみに、上座は入り口から一番奥の席です。**

次に、喪主があいさつをします。火葬が無事にすんだことの報告や、参列者への感謝の気持ちを手短に述べましょう。その後、遺族・親族の代表者が「献杯」の音頭を取り、食事を始めます。献杯の前にあいさつをしてもかまいませんが、「故人の冥福を祈りまして、献杯！」などと簡潔に音頭を取るだけでいいでしょう。

会食が始まったら、喪主は僧侶、参列者、親族の順にお酌をして回り、1人ひとりに感謝の気持ちを伝えます。一通りお酌を終えた後も全体に気を配り、必要に応じて飲み物を追加で注文しましょう。

1～2時間ほどして、全員が食べ終えたことを確認したら会食の終了を告げ、散会・帰宅となります。なお、精進落としの費用は、その場で支払います。

精進落としの注意点

❶ 僧侶は上座に着く
席順は、僧侶が上座。喪主と遺族は下座。親族や知人、友人は中間の席に着く。

❷ 喪主あいさつは手短にする
食事前なのであいさつは短くまとめる。火葬がすんだことや、感謝の弁を述べるだけでいい。

❸ 献杯をやらない地域もある
通常、会食前に献杯を行うが、中にはやらない地域もあるので葬儀社に確認を。

❹ 喪主は僧侶、参列者らにお酌をする
会食が始まったら、喪主は僧侶、会葬者らにお酌をして回り、感謝の気持ちを伝える。

❺ 泥酔は厳禁
泥酔するほどお酒を飲むのは厳禁。また、自家用車で来ている人にはお酒をすすめない。

56 葬儀の終了後、斎場を出る前にどんな事務手続きを行いますか？

A 香典と香典帳を照合して、領収書・請求書を整理。葬儀社から受け取るものも確認する。

精進落としが終わり、僧侶や参列者を見送った後は、斎場で最後の整理を行います。

まず、**受付を手伝ってくれた人から❶香典、❷芳名帳・香典帳、❸供物(くもつ)・供花リスト、❹弔電(ちょうでん)を受け取ります。**香典額と香典帳の記載に誤りがないかを、手伝ってくれた人の立会いのもと、その場で照合してください。

次に、領収書や納品書、請求書などを整理します。精算がすんでいれば問題ありませんが、葬儀社に未払いのものはないかどうかを確認しましょう。

さらに、**葬儀社から受け取るものを確認します（下のリスト参照）。**印鑑、死亡診断書・死亡届のコピー、葬儀費用の領収書（支払った場合）を忘れずに受け取りましょう。供物や余った供花、故人の遺品など大きな荷物になるものは、葬儀社が自宅に届けてくれます。

なお、葬儀にかかった費用の領収書は相続税の控除用に使えます。特に、葬儀費用の領収書は金額が大きいうえ、市区町村役場に葬祭費（Q28参照）を申請するさいなどに必要になります。しばらくの間、紛失しないよう大切に保管しておきましょう。

葬儀社から受け取るものリスト

	チェック事項
□	祭壇に供えた**供物**（盛り籠(かご)など）
□	別れ花の儀の後に余った**供花**
□	役所での手続きのために預けた**印鑑**
□	遺影を作るために渡した**写真の原本**
□	**死亡診断書・死亡届**のコピー
□	葬儀費用の**領収書**（支払った場合）
□	故人の**遺品**など（メモリアルコーナーを用意した場合）

※確認したら□に✓をつける

第5章

お葬式編⑤

葬儀の主催者「喪主」の役割についての疑問14

▶ Q57～70 ◀

回答者

山本宏税理士事務所所長　税理士

やまもと　ひろし
山本 宏

山本文枝税理士事務所所長　税理士

やまもとふみえ
山本文枝

喪主は葬儀の主催者だが全部行わなくてよく、葬儀社を活用し家族全員で役割分担を！

葬儀当日――

なんとか
告別式まで
終わったね
次は別れ花
釘打ち
出棺か
出棺の
さいはいよいよ
政子さんの
出番じゃ

みっ…
みなさま
本日は
お忙しい
中……

母さん
しっかり!
次はここ

生前は
ご厚情を
賜り…

うんうん
頑張って
おるのう
次は火葬じゃ
最後まで
しっかり
サポートする
ようにのう
もらい
泣き

Q57 「喪主の役割」とはなんですか？ 1人で務めなければなりませんか？

A 喪主は遺族の代表であり、葬儀を取り仕切る主催者。1人とは限らず複数で行うことも。

「喪主（もしゅ）」とは、遺族を代表して葬儀を主催する人をいいます。喪主の役割は、葬儀社を選定したり、葬儀の内容を決めたり、菩提寺（ぼだいじ）に連絡を取ったり、通夜（つや）・葬儀であいさつをしたりすることです。

通常、故人の配偶者か長男が喪主を務めます。故人の配偶者が高齢だったり、長男が亡くなっていたりしている場合は、血縁関係の近い人が喪主を務めることになります。具体的には、次男以降の男子➡長女➡長女以降の女子➡故人の両親➡故人の兄弟姉妹の順です。

ただし、**喪主は必ずしも1人で務める必要はなく、複数人が共同で務めてもかまいません。**

例えば、高齢の配偶者が喪主を務めたいと希望する場合は、長男も喪主になって親をサポートすれば、葬儀がスムーズに運びます。また、長男のほかに次男や長女、次女らも喪主を務めたいと希望するなら、全員が喪主になって協力しながら葬儀を行うことも可能です。

なお、かつて子供が親よりも先に亡くなる「逆縁」では、親は喪主にならないという習慣がありました。しかし、今は逆縁でも親が喪主を務めるのが一般的です。

共同で喪主になってもいい

喪主は、必ずしも1人ではなく、複数人が共同で務めてもかまわない。喪主の役割は多岐にわたり大変なので、複数人が共同で務めれば負担が軽減され、葬儀もスムーズに運ぶ。

Q58 香典でどれくらい補えますか？葬儀費用は喪主が負担するものですか？

A 葬儀費用は施主が負担。祭壇費用以外の料理や返礼品などの費用は香典でも賄える。

葬儀費用を負担するのは本来、**「施主」の役割です**。**施主は喪主（もしゅ）のサポート役で、葬儀社とやり取りしたり、供花の順番を決めたり、葬儀費用を支払ったりする役割を担います**（下の図参照）。規模の大きい葬儀では、人前に出る機会の多い喪主と、裏方として葬儀社に指示を出す施主に分かれてそれぞれの務めを果たします。

とはいえ、一般的な規模の葬儀では喪主が施主を兼ねることがほとんどです。したがって、葬儀費用は、実質的に喪主が負担すると考えていいでしょう。

なお、故人に預貯金や生命保険があれば、それを葬儀費用に充てられるので、必ずしも喪主（あるいは施主）が自分の蓄えから全額を負担するわけではありません。

また、葬儀の参列者から受け取った香典も葬儀費用に充てることができます。香典の相場は、故人が親なら10万円、兄弟なら5万円、親類なら1万円、友人・知人なら5000円程度です（Q75参照）。

例えば、参列者が50人の一般葬の場合、香典額は40万円前後。これで補えるのは、通夜振舞いや精進落としの会食代や、返礼品の費用くらいでしょう。

施主の役割

◉ 葬儀社とのやり取り

葬儀の打合せ、費用見積りの確認・契約、お布施の準備、車の手配、お手伝いの依頼、受付の準備などを葬儀社と相談して決める。

◉ 供花の順番、会場の席順を決める

祭壇の両わきに飾る供花の並びを血縁関係の深い順に決め、葬儀社に指示を出す。また、通夜・葬儀の会場の席順も決める。

◉ 葬儀費用の支払い

葬儀の出納役として香典を管理し、お布施や葬儀費用を準備する。お布施は喪主が僧侶に渡すが、葬儀費用は施主が葬儀社に支払う。

喪主、施主はどちらも遺族の代表者。喪主は参列者へのあいさつなど表に出る機会が多く、施主は金銭管理や葬儀のサポート役を担う。実際は、喪主が施主を兼ねることが多い。

Q59 葬儀費用を故人の預金で支払う場合、「口座凍結」は回避できますか？

A 金融機関が死亡を知ると預金口座は凍結される。その場合は、一定額の払戻しが可能。

銀行や信用金庫などの金融機関は、口座名義人が死亡したことを知ると預金口座を凍結します。**「口座凍結」**をするのは、**❶口座名義人の死亡時点での預金残高を確定するため、❷相続人どうしのトラブルを防ぐ（勝手な引出しを防ぐ）ため、という2つの理由からです。**

とはいえ、遺族が金融機関に死亡通知をせず、故人の預金口座から葬儀費用分のお金を引き出してもペナルティーはありません。あらかじめ相続人全員の同意を得ていれば、相続トラブルが起こる心配もありません。

なお、お金を引き出すときに金融機関が口座名義人の死亡を知ると口座は凍結されます。実際に、窓口で行員から使途を問われて口座名義人の死亡が発覚し、口座凍結となるケースが多いものです。これを回避するには、ATMで数回に分けて引き出す方法が考えられます。

口座凍結となった場合でも、使途が葬儀費用なら「遺産分割前の相続預金の払戻し制度」が適用され、手続きすれば一定額の払戻しを受けることができます。

払戻し可能額の計算方法と、払戻し時の必要書類については左の図を参照してください。同一の金融機関における払戻し上限額は相続人1人につき150万円です。

ただし、故人の預金で葬儀費用を払った場合、後になって資産よりも負債のほうが多いとわかったとしても相続放棄をできなくなるので注意してください。

故人の預貯金の払戻し

払戻し可能額＝
相続開始時の預金額
×
1/3
×
払戻しを行う
相続人の法定相続割合

● **払戻し時の必要書類**
- 被相続人（故人）の出生から死亡までの戸籍謄本または全部事項証明書
- 相続人全員の戸籍謄本または全部事項証明書
- 預金を払い戻す人の本人確認書類、印鑑証明書、実印

※同一の金融機関からの払戻し額は相続人１人につき150万円が上限

Q60 葬儀社との葬儀費用の精算はどう行いますか？

A 葬儀社からの請求内容を確認し、疑問点を問い合わせるなどして納得したうえで支払う。

葬儀費用は、葬儀の前日か開式前、もしくは葬儀後に支払います。クレジットカード払いが可能な場合もありますが、現金による一括払い（手渡し・銀行振込など）で精算するのが一般的です。

葬儀ローンを利用することも考えられます。葬儀ローンは信販会社が提供している金融サービスで、金利はかかりますが、最大7年間（84回）の分割払いが可能です。また、銀行や信用金庫の多目的ローンも葬儀費用の支払いに利用できます。手持ちの資金で葬儀費用を払うのが困難という場合、問い合わせてみるといいでしょう。

いずれにせよ、葬儀費用は、一般葬で200万円以上かかることが多いので、精算前に葬儀社からの請求内容を確認することが大切です。見積書と請求書を見比べ、1つひとつの項目（下の表参照）をチェックしましょう。

そして、疑問点があれば葬儀社に問い合わせて、十分に納得したうえで支払います。

なお、葬儀費用の中には、会葬礼状や返戻品などのように葬儀が終わらないと金額が確定しない「変動費」（Q70参照）があることにも留意しておきましょう。

葬儀費用の項目の例

祭壇（棺・寝具含む）	遺体保管料（1日につき）
寝台車（10kmまでなど）	施工管理費（設営など）
霊柩車（10kmまでなど）	式場費
ドライアイス（50kgなど）	火葬料
基本納棺	収骨容器
給水シーツ（一式）	遺影写真
式典スタッフ（1名につき）	白木位牌
役所手続き代行	守り刀
宗教者道具（1名）	ラストメイク（死に化粧）
受付セット（一式）	会葬礼状
枕机	返礼品
後飾り祭壇	生花
浴衣	供物
マイクロバス	斎場看板

Q61 故人の勤務先や近所への「あいさつ回り」はどう行いますか?

A 故人が生前お世話になったことのお礼を兼ねて行う。病院、施設にお礼が必要なことも。

葬儀がすんだら、「あいさつ回り」を行います。

故人が会社などで働いており、葬儀に参列してもらった場合は、勤務先へ菓子折りと礼状を送るか、直接持参してお礼を伝えましょう。

近所で葬儀に参列した人がいる場合は、供花で作った花束や供物などを渡してお礼を伝えます。また、近所の人に葬儀で受付などを手伝ってもらったら、1人当たり5000円程度の「心づけ」を渡しましょう。

故人が病院や介護施設で亡くなった場合、特に病院などへの謝礼は不要です。しかし、長年にわたり入院していたような場合は直接足を運んでお礼をし、菓子折りを渡すといいでしょう。

Q62 自宅にお線香をあげにくる「弔問客」にはどう対応したらいいですか?

A 弔問客に備え、後飾りの祭壇、遺骨・遺影を飾り、線香をあげられるように準備する。

葬儀が終わった後に、人づてに聞いたり、新聞や町報で訃報(ふほう)を知ったりした友人、知人、仕事関係者などが、自宅へ弔問(ちょうもん)に訪れることがあります。

そうした**「弔問客」に備え、自宅にあらかじめ後飾りの祭壇を用意し、遺骨、遺影を飾って線香をあげられるように準備しておきましょう。**

弔問客が訪れたら、線香をあげてもらうだけでなく、お茶、お菓子を出して故人の思い出などを話します。

香典を差し出された場合は、葬儀から持ち帰った返礼品と会葬礼状を渡すか、忌明(きあ)けから1ヵ月以内に香典返しを送ります。香典返しは、香典の3分の1から半額程度の品物(食品・洗剤など)を送るといいでしょう。

Q63 故人の「遺品整理」「形見分け」のさい、どんな点に注意が必要ですか？

A 一般的に四十九日の後、遺品整理を行う。形見分けは故人の生前の意思を尊重すること。

ふつう、四十九日法要を終えると故人の「遺品整理」と「形見分け（かたみ）」を行うことになります。

遺品の多くは処分することになりますが、高価な物は財産分与の対象となるので財産目録に入れ、遺産分割が終わるまで保存しなければなりません。

遺品整理のときに形見分けをしていいのは、財産分与の対象にならない物です。例えば、衣服、安価なバッグや腕時計、文具品などが考えられます。指輪、ネックレスなどの貴金属も、宝石や金が使われていない安価な物は換金性が低いので、形見分けをしてもいいでしょう。

なお、故人が遺言（誰に何を譲るか）を遺している場合は、その意思を尊重しなければなりません。

Q64 葬儀後の定期的な「法要」「法事」はどんな流れで行いますか？

A 法要は最長五十回忌まで続く。親族を招くのは七回忌までで、後は省略することが多い。

葬儀後の儀式には、命日に故人を供養（くよう）する「法要」と、仏教行事のお盆、彼岸（ひがん）供養などの「法事」があります。

法要には、日単位で区切られた「中陰（ちゅういん）法要」や、年単位で区切られた「年忌（ねんき）法要」などがあります。

近年、中陰法要のうち「初七日法要」は、葬儀・告別式の直後に「繰上げ初七日法要」（Q54参照）として行うことも少なくありません。そのため、**葬儀後の法要は、四十九日（七七日ともいう）➡一周忌➡三回忌➡七回忌➡十三回忌➡十七回忌➡二十三回忌➡二十五回忌➡二十七回忌➡三十三回忌➡五十回忌の順に行います。**五十回忌は49年めの命日に当たるので、形式上は足かけ半世紀かけて法要を行うことになります。

また、お盆や彼岸などの法事は毎年、決まった時期に行うことになります。

こうした法要・法事は、菩提寺（ぼだいじ）のお墓を引き継いで管理する「祭祀承継者（さいししょうけいしゃ）」が行います。通例、祭祀承継者となるのは、それ以前に祭祀承継者だった故人が指定した人で、息子か娘がほとんど。慣例では、祭祀承継者が七回忌まで親族を招き、法要を執り行うことになります。

法要のうち親族を招いて行うのは、一般的な慣例としては七回忌までです。十三回忌以降は家族だけで行うことが多いといえるでしょう。

十三回忌以降は仏教の宗派や地域によっても異なります。二十三回忌と二十七回忌を行わず二十五回忌を行う場合や、反対に二十五回忌だけを行わない場合などさまざまです。五十回忌の後は、実際に行うかは別として50年ごとに法要を行うのが仏教のしきたりです。

法要の流れ

7日め	**初七日**
49日め	**四十九日（七七日）**
1年めの命日	**一周忌**
2年めの命日	**三回忌**
6年めの命日	**七回忌**
12年めの命日	**十三回忌**
16年めの命日	**十七回忌**
22年めの命日	**二十三回忌**
24年めの命日	**二十五回忌**
26年めの命日	**二十七回忌**
32年めの命日	**三十三回忌**
49年めの命日	**五十回忌**

法要・法事を省略することも多い

ところで、最近は高齢化などの問題から、法要・法事を省略するケースが増えています。

そもそも、法要・法事を行うことは任意であり、法律上の義務ではありません。祭祀承継者は、原則として霊園や墓地に年間管理料を支払いさえすればよく、ほかに義務は生じないのです。

最近は、お互いの負担を考慮し、親族を招くのは三回忌までにして、後は家族だけで供養するケースも増えています。

ただし、宗教儀式に対する考え方は人それぞれ違います。法要・法事が面倒だからといって、安易に省略すると親族間で問題になることもあります。まずは、親族を交えて「法要をいつまで執り行うのか」を話し合うようにしましょう。

Q65 喪主は葬儀や法要のさい、どんな「喪主あいさつ」を行ったらいいですか？

A 亡くなるまでの経過、故人の生きざまや人柄、参列者へのお礼を盛り込んで話すといい。

通夜や葬儀・告別式の「喪主あいさつ」では、主に参列者への感謝の気持ちや、故人の臨終に至る経緯、喪主自身の心境などを伝えます（Q66参照）。

一方、四十九日や一周忌、三回忌などの法要では、儀式が終わった後の会食の席で喪主あいさつを行います。最初に、参列した親族にお礼の気持ちを述べてから、現在の心境などを伝えます（Q69参照）。

ほかにも喪主は、通夜の儀式が終わった後に行う通夜振舞いでのあいさつ（Q67参照）や、葬儀当日の最後に行う精進落としでのあいさつ（Q68参照）も行います。

あらかじめ、それぞれのあいさつの内容を準備し、覚えておくようにしましょう。

Q66 通夜・葬儀・告別式での「喪主あいさつ」の具体例を教えてください。

A 参列者への感謝の言葉を中心に、故人の臨終に至る経緯、遺族の心境などを加えて話す。

通夜の儀式が終わった後や、葬儀・告別式の出棺前に喪主が遺族を代表して「喪主あいさつ」を行います。

通夜のあいさつでは、参列者への感謝の言葉を中心に、亡くなった日付、故人の享年、臨終に至る経緯を知らせます。そして、この後に通夜振舞いがあることや、翌日の葬儀の集合時間、場所などを案内します。

一方、出棺前のあいさつでは、最初に参列者へ感謝の言葉を述べます。次に、葬儀・告別式の儀式を終えた現在の心境を伝えましょう。最後に、厚誼（厚いよしみ）のお礼を述べて締めくくります。あいさつをするときは、前を見ながら落ちついて話すことが大切です。

あいさつの具体例は、96ページを参考にしてください。

通夜での「喪主あいさつ」の例

本日はお忙しいところ、父・◯◯の通夜にご足労いただき誠にありがとうございます。

会葬のお礼を述べる

父は3ヵ月前からがんで入院し、◎月△日、享年81歳で逝去しました。最期は安らかに息を引き取ったことをご報告いたします。

臨終前後の様子を説明する

この後、ささやかながら酒宴の席を設けております。お時間の許す方はぜひおくつろぎください。

明日の葬儀・告別式は、午前10時よりこちらの斎場で行います。

通夜振舞いや、明日の葬儀の案内をする

本日は誠にありがとうございました。

告別式（出棺前）での「喪主あいさつ」の例

本日はご多忙の中、父・◯◯の葬儀にご会葬いただき誠にありがとうございます。皆様方に見送られ、父も喜んでいると存じます。

会葬のお礼を述べる

家族を失ったことは今でも信じられませんが、闘病生活から解放され、父もほっとしているのではないかと思います。遺された私たち一同は、亡き父の遺志に沿うよう努めていく所存でございます。

現在の心境を自分の言葉で伝える

最後になりますが、生前のご厚誼に感謝申し上げます。本日は誠にありがとうございました。

厚誼のお礼を述べる

Q67 通夜振舞いでの「喪主あいさつ」の具体例を教えてください。

A 駆けつけてくれたお礼とともに、明日の葬儀・告別式への力添えをお願いする。

通夜の儀式が終わったら、会場を移動して「通夜振舞い」を行うのが一般的です。

通夜振舞いでは、最初に喪主が僧侶や参列者にあいさつをします。会葬のお礼から始まり、通夜の儀式が無事に終わったことや、翌日に行う葬儀・告別式への力添えのお願いなどを述べましょう。すでに、通夜の会場で一度「喪主あいさつ」をしているので、故人の話は省いてかまいません。最後に、食事をとりながら故人を偲んでほしい旨を伝え、通夜振舞いを始めます。

通夜振舞いは、突然の訃報を受けて駆け付けてくれた僧侶や参列者へのお礼として、料理やお酒でもてなす場です。喪主あいさつを行うさいも、僧侶や参列者への労いの気持ちを忘れないようにしましょう。

また、食事前のあいさつなので、1分程度で手短に終わらせて速やかに会食に移るようにします。

通夜振舞いでの「喪主あいさつ」の例

本日はお忙しいところ、
ご足労いただきまして、
誠にありがとうございました。
おかげさまをもちまして
通夜の儀式を
滞りなく行うことができました。

会葬のお礼を述べる

明日は葬儀・告別式を行います。
お時間が許すようでしたら
ご参集いただければと存じます。

葬儀・告別式への助力を仰ぐ

ささやかではございますが、
お食事を用意しましたので、
お召し上がりになりながら
故人を偲んでいただければ何よりです。

通夜振舞いを始める

Q68 精進落としでの「喪主あいさつ」の具体例を教えてください。

A 葬儀が無事終了したことを手短に報告し、協力してくれた僧侶や参列者へ感謝を表す。

火葬場から斎場に戻って還骨法要、繰上げ初七日（戻り初七日）を終えたら、「精進落とし」を行います。

精進落としでは、**最初に喪主（もしゅ）が僧侶・参列者へあいさつをします。つまり、葬儀がすべて終了したことを報告して区切りをつけます。そして、お世話になったことへの感謝、労い（ねぎら）の言葉を述べて精進落としを始めます。**

通夜振舞い（つや）には故人の幅広い関係者が出席しますが、精進落としには火葬・収骨まで同行した近親者が主に出席します。中には、通夜や葬儀の準備を手伝ってくれた人もいるでしょう。ですから、精進落としの「喪主あいさつ」では、協力してくれた人たちへの感謝、労いを必ず述べるようにしましょう。

なお、精進落としでの喪主あいさつは、喪主以外の遺族が行ってもかまいません。その場合は、「故人の次男です」などと自己紹介をしてから、あいさつします。

精進落としでの「喪主あいさつ」の例

本日は誠にお世話になりました。
おかげさまで
葬儀をつつがなく
終了することができました。

↑ 葬儀が無事終了したことを報告する

皆さま、さぞかしお疲れのことと存じます。
心ばかりの食事を用意させていただきましたので、
故人の思い出などを肴（さかな）に
ごゆっくりとお過ごしください。

↑ 僧侶・参列者を労い、精進落としを始める

最後まで温かいお心配りを
いただきまして、
本当にありがとうございました。

↑ 最後にお礼を述べる

Q69 四十九日法要などでの「喪主あいさつ」の具体例を教えてください。

A 法要に参列してくれたことへのお礼と、遺族のその後の報告などを交えて話す。

四十九日、一周忌などの法要では、菩提寺や自宅に遺族や親戚が集まり、僧侶の読経による儀式を終えた後に会食を行います。このとき、喪主は会食に先立って「喪主あいさつ」をします。

法要のあいさつでは、最初に参列者へのお礼を述べます。そして、葬儀を終えてから現在までの遺族の様子や自分自身の心境について話します。自分の言葉で、前向きな気持ちを伝えましょう。故人の思い出を振り返り、生前のエピソードを織り交ぜてもかまいません。最後に参列者に食事を促し、会食を始めます。

下の喪主あいさつの例は、四十九日法要・納骨の儀の場合ですが、一周忌法要以降に行う喪主あいさつも基本的に同じパターンです。時間が経過すると悲しみが癒えて気持ちも変化することが多いので、そのときどきの思いを報告するといいでしょう。

四十九日法要での「喪主あいさつ」の例

本日は父・○○の四十九日法要、および納骨の儀にお集まりいただきまして、誠にありがとうございます。

（参列のお礼を述べる）

父が亡くなり1ヵ月が過ぎました。悲しい別れでございましたが、父の遺志を受け継いで、これからの人生を歩んでいきたいと思います。

（現在の心境を自分の言葉で伝える）

心ばかりのお食事を用意いたしましたので、ごゆっくりお過ごしください。本日はありがとうございました。

（会食を始める）

Q70 葬儀社との金銭トラブルが多いと聞きました。どんな点に注意が必要ですか？

A 追加料金を請求されたなどトラブルが多い。格安プランを売りにする業者にも要注意。

葬儀費用は、必ずしも明朗会計ではないため、葬儀社との「金銭トラブル」がしばしば起こります。

最初に見積もった予算で通夜・葬儀がすべて終われば同額の葬儀費用を精算すればいいので、特に問題はありません。しかし、場合によっては見積書よりもかなり高い金額を、葬儀社から請求されることがあります。

例えば、寝台車や霊柩車の走行距離が所定よりも超過した場合です。仮に見積書に1回の遺体搬送距離が10キロまでと書かれていて、実際の走行距離が12キロだった場合、超過料金を請求されることになります。また、深夜の遺体搬送では割増料金を請求されることがあります。

さらに、ドライアイス、会葬礼状、返礼品などにかかる費用も見積書よりも高額になりがちです。

こうした費用は「変動費」といって実際に葬儀が終わらないと料金が定まらないので、致し方ない面もあります。あらかじめ、変動費はどれで、請求額にどれくらいの差額が生じるのかを確認することが大切です。

格安な葬儀プランには裏がある

むしろ注意が必要なのは、インターネットでよく見られる「家族葬30万円から」などという格安の葬儀プランです。そのような格安プランを売りにする業者に依頼すると、打合せの段階からどんどん費用がふくらみ、最終的には予算をはるかに超える金額になります。

実は、格安の葬儀プランには、葬儀に必要な項目の全部が含まれていません。実際のところ30万円程度の予算で行えるのは、通夜・葬儀を行わない直葬（Q8参照）くらいのものです。そのため、祭壇費用などの必要な項目を加えたり、棺のグレードを上げたりすると、たちまち100万円以上に費用がふくらんでしまいます。

葬儀社を決めるさいは、あらかじめ葬儀費用の相場をきちんと把握しておくことが大切です。

第6章

お葬式編⑥

葬儀に参列するさいのマナーについての疑問10

▶Q71～80◀

回答者

山本宏税理士事務所所長　税理士

山本　宏（やまもと　ひろし）

山本文枝税理士事務所所長　税理士

山本文枝（やまもとふみえ）

初めて会葬する人も通夜・葬儀・告別式におけるこのマナーさえ守れば安心！

一般に「御霊前」「御佛前」の2つが多いが宗教によっては要注意じゃ
御霊前
御佛前
仏教のお葬式だから「御佛前」かな～

ブッブ～御佛前は浄土真宗の場合だけ
ほかの宗教・宗派なら「御霊前」を選べばまず問題ない
御霊前

不祝儀袋も黒ネクタイもコンビニで購入できる
わ…わかった
お通夜行ってきます

翌日——葬儀場にて
お焼香か…やったことないな…

基本はこれじゃ葬儀前になんの説明もなければこのとおり行うといい
❶祭壇の前で遺族に一礼
❷焼香台の手前まで歩き、祭壇に向かって合掌・一礼
❸抹香をつまみ、香炉に落とす（2～3回くり返す）
❹遺影を見て合掌・一礼
❺そのまま2～3歩下がって遺族に一礼
大丈夫！多少ぎごちなくても問題ない

そもそもそのブラックスーツがぎこちないし…
葬儀用はワシのを貸したがサイズが合わんか？
わ～っ
社会人ならブラックスーツは用意しておく必要がある
マナーは何回か参列しているうちに自然と身につくはずじゃ
蛇腹太郎（真一郎の父）

Q71 一般葬と家族葬で参列時のマナーが違うとは本当ですか？

A 本当。例えば、一般葬では当たり前の香典の持参が、家族葬の場合は迷惑になることも。

家族葬は会葬者を制限しますが、一般葬では特に制限しません。両者の違いはこれだけなので、参列時のマナーは基本的に同じと考えていいでしょう。

ただし、**家族葬の場合は当然、招かれてもいないのに参列するのはマナー違反です。**どうしても会葬したいのなら、事前に連絡して承諾を得なければなりません。

家族葬には、通夜（つや）を省略する「一日葬」、遺灰を海に撒（ま）く「海洋葬」など多様な形があります。

香典を受け取らない家族葬もあり、その場合、家族で話し合って「香典辞退」と取り決めています。無理やり香典を渡すと、ほかの会葬者との関係でトラブルになりかねないので、事前によく確認しておきましょう。

Q72 訃報を受けてお悔やみを伝える「弔問」には、どんな服装で行けばいいですか？

A 故人宅への弔問の場合、カジュアルな服装や礼服はさける。スーツやジャケットが一般的。

「弔問（ちょうもん）」とは、通夜（つや）・葬儀に参列できない場合、通夜の前または葬儀の終了後に故人の家を訪問してお悔やみを述べることです。通夜・葬儀では、弔問ではなく、参列または会葬といいます。通夜の前の弔問は、通夜・葬儀の準備で慌ただしいので極力さけましょう。

弔問のさいの服装は平服が基本です。男性の場合、紺やグレーなどのダークスーツに白いシャツ、地味なネクタイが一般的（地味な色のジャケットとスラックスでもOK）。女性の場合も紺やグレーの地味な色のスーツが基本ですが、アクセサリー類は外します。

なお、通夜・葬儀では喪服（もふく）を着用します。「弔問は平服、通夜・葬儀は喪服」と覚えておきましょう。

Q 73 葬儀にはどんな服装で参列すればいいですか？男女でどう違いますか？

A **モーニングなどの正喪服はさける。男性の場合、ブラックスーツという準喪服の着用を。**

通夜・葬儀に参列するさいは、喪服を着用します。ただし、遺族以外の**一般会葬者の場合、格式の高い正喪服（紋付羽織袴やモーニングなど）はさけ、格式を一段下げた準喪服を着用するのが基本**です。

●男性の装い

男性の場合、準喪服であるブラックスーツを着用するのが一般的です。一般会葬者なら、グレーや紺などのダークスーツでもかまいません。

ワイシャツは白無地。ネクタイや靴下、靴は黒一色で統一します（タイピンはつけないこと）。

●女性の装い

最近は、ブラックスーツで参列する人が増えています。一般会葬者なら、紺やグレーのダークスーツに黒のブラウスでもかまいません。パールのネックレス、結婚指輪以外のアクセサリーは外しましょう。

通夜・葬儀に参列するさいの装い

地味な色の紋付き。足袋と半襟は白、帯・帯締め・帯揚げ・草履は黒。

ワンピースやアンサンブルのブラックスーツ。ダークスーツでもかまわない。

黒無地のダブルまたはシングルのスーツ。ダークスーツでもかまわない。

Q74 傘・バッグ・コートなどの持参するアイテムには、どんな注意が必要ですか?

A いずれも黒など地味な色のものが基本。派手な色や動物の毛皮を使ったものはさける。

通夜・葬儀は、故人の旅立ちを見送る儀式です。そのため、参列するさいは服装(Q73参照)だけでなく、持参する傘やバッグ、身に着けるコートやアクセサリー、靴下、靴などにも注意しなければなりません。

いずれも黒や紺などの地味な色のものが基本です。靴下や靴は黒、ほかは地味な色のものを選び、なるべく柄のあるものはさけてください。アクセサリー類は外しましょう(黒や白のパール、結婚指輪などはOK)。

バッグやコートは色だけでなく、素材やデザインにも注意が必要です。動物の毛皮を使用したものは無益の殺生を禁じる仏教では忌み嫌われます。同様のデザインであれば、本物の毛皮でなくてもさけましょう。

Q75 霊前に供えてもらう「香典」はいくら包んだらいいですか?

A 故人との関係によって異なる。友人・知人や会社関係者なら5000円程度が相場。

香典に包む金額は、故人との関係や葬儀の種類、自分の年齢や社会的地位などによって変わります。

具体的には、下の表をご覧ください。香典額に幅のあるもののうち、少ない金額は自分が年齢的に若い場合です。礼を欠かさないように包む金額を決めましょう。

香典額の目安

自分との関係	香典額(目安)
親	5万~10万円
兄弟姉妹	1万~5万円
祖父母	1万円
おじ・おば	1万円
上記以外の親戚	5,000円~1万円
職場関係	5,000円
友人・知人	5,000円
隣人・近所	3,000~5,000円

*出典:一般社団法人全日本冠婚葬祭互助協会「2016年度調査」を一部改変

Q76 香典のお金を包む「不祝儀袋」はどれを選んだらいいですか？

A 故人の宗派で異なる。「御霊前」なら、ほぼ全宗教・宗派でOK（浄土真宗のみ御佛前）。

香典を包む袋を「不祝儀袋（ぶしゅうぎぶくろ）」といい、「香典袋」と呼ぶこともあります。

不祝儀袋の表の上段には、「御霊前（ごれいぜん）」「御佛前（ごぶつぜん）」などと手書きするのが基本です。ところが今では、こうした表書きを印刷した数種類の不祝儀袋が市販されるようになり、一般的に使われています。

では、どんな不祝儀袋を選んだらいいのかというと、故人の宗教・宗派によって違ってきます。

仏教（仏式）の場合は、御霊前、御佛前、御香典、御香料などを選びます。ただし、御霊前は浄土真宗以外の宗派の場合、御佛前は浄土真宗の場合だけに使うので、注意してください。

神道（神式）の場合は、御霊前、御玉串料、御榊料（おさかきりょう）。

キリスト教（キリスト教式）の場合は、御霊前、御花料などとなります。

わかりづらければ、浄土真宗は御佛前、それ以外の宗教・宗派は御霊前を選ぶといいでしょう。

また、不祝儀袋の表の下段には、中央に自分の名前を手書きします。連名の場合には、中央に目上の人の名前を書き、その左に目下の人の名前を順に書きます。

中袋には、表に金額を「金伍仟円」（金五千円も可）など漢数字で書き、裏に住所と氏名を書きます。

不祝儀袋の表書きの例

宗教	表書き
仏教（仏式）	御霊前（浄土真宗を除く） 御佛前（浄土真宗のみ） 御香典 御香料
神道（神式）	御霊前 御玉串料 御榊料
キリスト教（キリスト教式）	御霊前 御花料

Q77 包むお金は「新札は不適切」とされているそうですが、なぜですか？

A 新札はあらかじめ用意していた（死を予見していた）と捉えられるため、さけるのが無難。

香典に包むお金は、できれば「新札」はさけたほうがいいでしょう。

新札を包むと、あらかじめ用意していた、つまり死を予見していたと捉えられかねないからです。そこまで深読みする人は極めて少ないと思いますが、危ない橋は渡らないに越したことはありません。新札ではなく、古いお札を包むのがマナーです。

新札しか持っていなければ、いくつかに折り目をつけてから不祝儀袋に入れるようにしてください。こうすればマナー違反にはなりません。

Q78 香典はいつ・どこで・誰に・どう渡しますか？

A 状況によって変わる。基本は告別式の受付に不祝儀袋（香典袋）をふくさに包んで渡す。

香典は、不祝儀袋を「ふくさ」に包んだ状態で持参します。

ふくさの色は、紺やグレー、深緑、紫などの暗い色が基本です。結婚式などの慶事で使われる赤やオレンジなどの明るい色のふくさはさけましょう。なお、紫色のふくさを持っていると弔事・慶事ともに使えるので、とても便利です。

斎場で通夜・葬儀を行う場合は、受付で香典の管理を行っています。受付の人に香典を渡すときは、まず**「このたびはご愁傷さまです」などとお悔やみを述べて一礼します。次に、ふくさから不祝儀袋を取り出し、相手から表書きが読める方向にして両手で手渡します。**

通夜と葬儀の両方に参列する場合は、どちらかで一度だけ香典を渡します（通夜で渡すのが一般的）。

Q 79

遺族にお悔やみを告げるときは、どんな言葉をかけたらいいですか？

A シンプルでわかりやすい言葉を選ぶこと。故人との思い出話などは葬儀の終了後に。

遺族にとって、通夜（つや）・葬儀ではまだ大切な人を亡くしたばかり。気は張っているものの、心の傷はまだ癒（い）えていません。

そのような遺族に話しかけ、長々と思い出話などをするのは禁物です。**「お悔やみ」を告げるさいには、シンプルでわかりやすい言葉を選びましょう。**仏教（仏式）の場合は、次のような言葉をかけるのが基本です。

- **「このたびは、ご愁傷（しゅうしょう）さまです」**
- **「このたびは、心よりお悔やみ申し上げます」**
- **「生前は大変お世話になりました。本当に残念でなりません」**

神道（神式）の場合は**「御安霊の安らかならんことをお祈りします」**、キリスト教（キリスト教式）なら**「安らかな眠りをお祈り申し上げます」**などと、お悔やみを告げます。

なお、同じ仏教でも宗派によって不適切な言葉もあります。例えば、よく使われる「ご冥福（めいふく）をお祈りします」という言葉は浄土真宗ではさけたほうがいい、とされているので注意しましょう。

また、通夜・葬儀でさけるべき**「忌（い）み言葉」**が数多くあります。忌み言葉とは、不幸そのものを連想させたり、災（わざわ）いをくり返すこと（再来）を連想させたりする言葉です。別の言葉に言い換えましょう（左の表参照）。

忌み言葉の例

忌み言葉	言換え例
死ぬ	亡くなる
死亡	逝去（せいきょ）、他界
急死	突然のこと、急逝（きゅうせい）
追って	後ほど
続いて	同様に
次に	その後、新たに
再び	今一度
また	さらに、改めて
引き続き	これからも
重ねて	加えて

Q80 読経中に行う「焼香」では、どんなマナーが必要ですか？

A 焼香の方法は宗派で異なるが、一般的な焼香のやり方で大丈夫。違う場合は事前説明あり。

葬儀・告別式では、読経（どきょう）中に僧侶がまず焼香を行います。そして再び読経が始まりますが、その間に、僧侶の「お焼香をどうぞ」を合図として喪主（もしゅ）・遺族の順に焼香を開始します。

一般会葬者の場合は、遺族・近親者の後に焼香を行うことになります。通常は前列の会葬者から先に焼香を始めるので、きちんと順番を守りましょう。

自分の番が来たら、祭壇（さいだん）の前で焼香を行います。焼香の手順は、下の図を参照してください。

焼香の具体的な方法は、宗派によって違います。しかし、一般的な手順は下の図のとおりなので、この流れを押さえておきましょう。

僧侶から焼香のやり方について説明があった場合は、それに従ってください。

また、会葬者が多い場合、抹香を香炉に落とす回数を1回とすることもあります。斎場の司会者からそのような指示があったときは、その案内に従いましょう。

一般的な焼香のやり方

1. 祭壇の前まで進み、遺族に一礼
2. 祭壇に向かって合掌し、一礼
3. 抹香※をつまんで、香炉の中に落とす
4. ③を1～3回、くり返す
5. 遺影に目を向けて合掌し、一礼
6. そのまま2～3歩下がって遺族に一礼
7. 元の席に戻る

※抹香は粉末状のお香

第7章

生前準備編

遺される家族のための生前手続きについての疑問10

▶ Q81〜90 ◀

回答者

ことぶき法律事務所
弁護士
佐藤省吾（さとうしょうご）

生前のうちに自分でできることを実行すれば、遺される家族の負担は大幅に軽減

人がいつ死ぬかは神のみぞ知る！お葬式の準備に早いということはない
ターン
ただし入会した互助会が破たんすることも考えられる慎重に検討することじゃ
最近は生前のうちに死後事務委任契約を結ぶ人も増えておる
何それ？
お葬式・お墓・遺品整理など死後の手続き一切を代行してもらう契約じゃ
それならおれたちがやる
うちには必要ないわ
そう子供などがいれば不要じゃが後継ぎのいない世帯にはこうした契約が必要になる
ひとり暮らしや老夫婦の世帯だな
死後に限らず生前の入院・介護・後見まで代行してもらう契約もある
ひとり暮らしの不安に応えてくれるのね
そういえば健介おじさんひとり暮らしだ
相馬健介（孝介の弟）
子供もいないし教えてあげたら喜ぶわ
どんな契約？
内容は？
ワシの還暦祝いは……？
まおひとつ

Q81 自分の葬儀で遺される家族に迷惑をかけない方法はありますか?

A エンディングノート、死後事務委任、互助会への入会など、さまざまな方法がある。

自分が亡くなったら、遺された家族が葬儀を執り行うことになります。葬儀には高額な費用がかかるほか、慌ただしい中で厳粛な儀式を滞りなく進める必要があり、遺族にとって心身ともに大きな負担がかかります。

そうした遺族の負担を軽減するために、生前のうちにいくつかのことを準備しておくといいでしょう。

まず、葬儀費用として遺すお金の準備。できるだけ、現金で用意することをおすすめします（Q82参照）。

次に、エンディングノートを書いておくこと。延命措置、最期を迎える場所、葬儀・お墓の希望などを書いておけば、遺族が看取りの方法や葬送儀礼の手配で悩まずにすむでしょう（Q83参照）。

遺される家族が高齢、あるいは家族がいない場合は、司法書士や弁護士などと「死後事務委任契約」を結ぶ方法もあります。死後事務委任契約を結ぶと、亡くなった後の手続き一切を代行してもらえます（Q84～86参照）。

そのほか、「高齢者支援サービス」を利用したり（Q87参照）、「冠婚葬祭互助会」に入会したり（Q88参照）するのも遺族の負担を減らすことに役立つでしょう。

エンディングノートを書くといい

エンディングノートに葬儀の希望を書いておけば、亡くなった後に遺族の負担が減る。葬儀の規模、訃報を伝える相手、戒名の希望、どのお墓に入るかなどを書くといい。

Q82 葬儀費用は現金・預金・保険などのうち、どの形で遺すといいですか？

A **葬儀費用を遺すなら現金がベスト。預金で遺すと、口座を凍結されることが多々ある。**

葬儀費用を遺すなら、現金で用意して自宅の金庫に入れておくのが一番確実です。ただし、多額の現金があることを第三者に知られないよう十分に注意しなければなりません。

とはいえ、実際には預金で遺す人がほとんどでしょう。もちろん、預金で遺してもかまいませんが、亡くなった後に口座を凍結されることが多々あるので注意が必要です。預金で葬儀費用を遺す場合は、信頼できる家族にキャッシュカードを預け、亡くなる前にATMから引き出してもらいましょう。口座を凍結されたら「遺産分割前の相続預金の払戻し制度」の手続きを行い、預金を払い戻してもらう必要があります（Q59参照）。

死亡保障のある保険の形で遺す場合は、保険会社に請求の手続きをしなければならないほか、受取人が保険金を受け取るまでに時間がかかるのが難点です。

中には、株式や債券、投資信託などの形で遺す人もいます。こうした金融資産は、すぐに現金化できず相続手続きも面倒なので、葬儀費用として遺す場合は、タイミングを見て売却したほうがいいかもしれません。

自宅の金庫に現金で遺す

葬儀費用を遺すなら、自宅の金庫に現金を入れておくのがベスト（一般葬なら200万〜300万円程度が目安）。金庫の開け方は、信頼できる家族以外の人に知られないように注意。

Q83 遺される家族のために「エンディングノート」は書いておくべきですか？

A 終末医療や葬儀・お墓の希望、所有資産などを書いておくと、家族に役立ててもらえる。

「エンディングノート」は、遺族や看取ってくれる人に向けて、終末期や死亡後の希望などを書くものです。介護と医療の希望については、余命の告知、延命措置、臓器提供、最期を迎える場所などを書いておきます。また、葬儀をどれくらいの規模で行ってほしいか、訃報を誰に伝えるかなどを書いておくといいでしょう。

所有資産や相続について書くことも重要です。自分が亡くなった後の相続がスムーズにいくように、預貯金や不動産などのプラス資産（積極財産）、借入金や債務保証などのマイナス資産（消極資産）を記入しておきましょう。遺言書の有無も記入し、遺言書がある場合には保管場所を明記することも忘れないでください。

Q84 家族がいません。自分の「死後の手続き」を第三者に任せることはできますか？

A 親族がいない人は、生前に信頼できる第三者と死後事務委任契約を結べば可能となる。

死後の手続きを家族以外の第三者に任せることは可能です。これを「死後事務委任契約」といいます。

本来、死後の手続きは遺族が行うものです。しかし、家族がいない、または家族が高齢で負担が重いといった事情のある人もいます。そんな場合、生前に死後事務委任契約を結んでおくと、亡くなった後にさまざまな手続き（Q85参照）を代行してもらえるのです。

誰と死後事務委任契約を結ぶかはケースバイケースですが、親戚、友人、内縁のパートナー、あるいは行政書士、司法書士、弁護士などが考えられます。死後事務委任契約では、相続財産管理人の選定を行うこともあるので、法律の専門家である弁護士が適任でしょう。

Q85 生前に結ぶ「死後事務委任契約」では、どんなことを行ってもらえますか？

A 自分の死後、葬儀・お墓から遺品整理までの手続き一切を代行してもらうことができる。

生前に「死後事務委任契約」を結ぶと、亡くなった後の手続きの一切を代行してもらえます（下の表参照）。

亡くなった直後の死亡届の提出をはじめ、葬儀の手配、入院費や施設利用料の支払いなどを行ってもらえます。そして、葬儀がすんだ後は、お墓の建立、遺品整理、公共サービスの解約・精算、年金受給の停止、介護施設の退所、賃貸物件の明け渡し、相続財産管理人の選任申立てといった手続きを行ってもらえます。

なお、死後事務委任契約では「遺言執行」を代行できません。民法では、遺言を実現するための手続きを行えるのは「遺言執行者」と規定しています。そのため、死後事務委任契約の受託者は、遺言や遺言書の内容にかかわる手続きを行えないのです。

ただし、遺言執行者と死後事務委任契約を交わせば、遺言執行の手続きも行ってもらえるようになります。

ところで、司法書士や弁護士といった専門家と死後事務委任契約を締結するためには費用がかかります。目安としては契約書の作成料が15万〜30万円程度、委任する内容によりますが契約料が30万〜100万円程度です。

死後事務委任契約の主な内容

◉**死亡届**の提出、**火葬許可申請**の手続き
◉**医療費・入院費**の支払い
◉**家賃・地代**などの支払い、**賃借物件**の明け渡し
◉**老人ホーム・介護施設**などの利用料の支払い、退所の手続き、一時金の受領
◉**葬祭儀礼**（臨終から一周忌まで）の事務
◉**墓石**の建立、または**永代供養**のための事務
◉**相続財産管理人**の選任申立ての手続き
◉**行政官庁**などへの諸届
◉**生活用品・家財道具**の処分
◉**デジタル遺品**の処分
◉**公共サービス**の解約・精算の手続き
◉**年金受給停止**の手続き
◉**ペット**の施設入所の手続き　etc.

Q86 死後事務委任契約では、どんな点に注意が必要ですか？

A 契約書を交わす必要がある。法的効力を持たせるためにも、公正証書にしたほうがいい。

死後事務委任契約は、委任者（自分）と受任者（引き受ける人）の間で契約書を交わす必要があります。書面には、契約の趣旨・効力、委任事務の範囲・内容、報酬などを記します。この契約書は、司法書士や弁護士に依頼して作成してもらったほうがいいでしょう。

なお、**死後事務委任契約を結んでいても、相続人などの第三者が契約書を破棄したり改ざんしたりして、手続きの代行を妨げることも考えられます。**

このような事態をさけるためには、契約書を公正証書にする必要があります。公正証書は、公証役場で公証人が作成する書類であり、原本は公証役場に保管されます。くわしくは、司法書士や弁護士に相談してください。

Q87 死後だけでなく、生前の入院・介護・後見まで代行してもらう方法はありますか？

A 30年もの実績がある「NPOりすシステム」が行う高齢者支援サービスが代表的。

生前の暮らしをサポートしてもらう方法としては、高齢者支援サービスの「生前契約」があります。

この分野で草分け的な存在なのが、特定非営利活動法人（NPO）の「りすシステム」です。発足は1993年で30年もの実績があり、全国に支部があります。

りすシステムでは、生前事務委託契約（公正証書）をもとに、日常生活の支援、療養看護、財産管理、入院時に必要となる入院保証などを引き受けてもらえます。また、判断能力が低下した場合には、任意後見契約に基づいて生活をサポートしてもらうことも可能です。

さらに、死後事務委任契約（Q84～86参照）を結ぶと、亡くなった後の手続きも代行してもらえます。

Q88 葬儀社の「互助会」への入会を考えています。どんなことに注意すべきですか?

A 積立額だけで葬儀費用を賄えるか、破綻リスクはないのかなどを検討したうえで判断を。

「冠婚葬祭互助会」（以下、互助会）は、**毎月一定の金額を積み立て、安い価格で葬儀や結婚式などを提供する、経済産業省の許可事業です。**

互助会に入会すると、毎月1000～5000円程度の掛け金を60～80回程度にわたって積み立てることになります。しかし、**実際にかかる葬儀費用は積立金だけでは足りず、葬儀後に多額の追加料金を請求されてトラブルになるケースもあります。**

また、**最近は葬儀の規模が縮小傾向にあるため、財務状況が悪化している互助会も少なくないようです。**

互助会を検討する場合は、積立金でどれだけ賄えるか、破たんリスクはないかを判断材料にしてください。

Q89 「お墓の管理代行サービス」があると聞きました。利用すべきですか?

A 改葬・墓じまいは考えておらず、今のお墓を荒れないようにする場合は利用するといい。

菩提寺(ぼだいじ)から遠く離れて暮らしている人は、お墓を掃除することすら思うようにできません。**改葬・墓じまいを考えていなければ、手入れの行き届かないお墓はいずれ荒れ果ててしまうでしょう。そんな人におすすめなのが、「お墓の管理代行サービス」**です。

お墓の管理代行サービスには、雑草取りや落ち葉の掃き掃除といった「お墓の掃除」と、家族に代わってお供えや合掌礼拝を行う「お墓参り」があります。

代行料金は、1回につき1万～2万円のところが多いようです（敷地の広さや花代、供物(くもつ)代によって料金が異なる）。

最近は、ふるさと納税の返礼品として、お墓の管理代行サービスを行う自治体も増えています。

Q90 「墓じまいの生前契約」ができると聞きました。どんな契約ですか？

A 今あるお墓に入った後、永代供養墓に遺骨を移すといった契約を生前に事業者と結ぶ。

菩提寺(ぼだいじ)がある人で、自分が亡くなるとお墓の承継者がいないという場合、ふつうは墓じまいを検討することになります。しかし、中には、**今あるお墓に一度は自分も入りたいと希望する人もいることでしょう。そんなニーズに応えてくれるのが「墓じまいの生前契約」です。**

墓じまいの生前契約の契約内容は、❶今あるお墓はそのままにして死後は自分も入る、❷業者が法要やお墓の管理を行う、❸一定の法要を行った後に墓じまいをして遺骨は永代供養(くよう)か散骨する、など。業者によって代行業務の内容はさまざまですが、墓じまいの生前契約の主な流れは、下のフローチャートのとおりです。

墓じまいの生前契約は、お墓を継ぐ人がいない場合に便利なサービスですが、いくつか注意点があります。

まず、死後にかかる費用を前払いしなければならないことです。そのため、弁護士や行政書士などに依頼して公正証書（Q86参照）を作成する必要があります。

次に、費用の預託システムはしっかりしているか、信頼できる業者かを確認することが大切です。インターネットで、その業者の評判を調べるといいでしょう。

墓じまいの生前契約の主な流れ

- 業者と**契約**する
- ▼
- **公正証書**を作り、死後の費用を前払いする
- ▼
- 契約者が**死亡**
- ▼
- 代行業務❶／**納骨**する
- ▼
- 代行業務❷／一周忌など**法要**を行う
- ▼
- 代行業務❸／遺骨を取り出し、**墓地解体**
- ▼
- 代行業務❹／**永代供養**、**散骨**など
- ▼
- **契約終了**

第8章

お墓編❶

変わりつつある「お墓の形」についての疑問15

▶Q91～105◀

回答者

東池袋法律事務所
弁護士
根本達矢（ねもとたつや）

従来の家墓に加えて樹木葬墓・納骨堂・室内墓・散骨などが登場しお墓事情が一変！

うちもお墓のことを考えなきゃ
おれの実家の墓ではいかんのか？
遠すぎるしいろいろと気を使うわ
羊谷克彦（65歳）
恵美子（妻）

先祖代々のお墓なんて化石同然さ
化石で悪かったな
隆司（克彦の長男）

納骨堂なんてどう？近くにあって便利だよ
確かに便利じゃが

最近納骨堂が破たんして納めた遺骨をどうするかが問題になっておる
事業者選びは慎重にのぉ
キーン
葬祭博士

樹木葬墓はどう？
花や樹木に囲まれて眠るなんて素敵じゃない
ヒラ
ヒラ
由美（隆司の妻）
早紀（隆司の子）

他人の骨と
いっしょに弔う
合祀型のほか
別々に弔う
個別型もある
個別型なら
後で改葬が
必要になっても
対応できるわ
最近は
室内墓所という
お墓が登場した
屋根に覆われた空間に
墓石を備えたお墓が
すっぽり収まっている
形をイメージするといい
遺骨を海に撒く
散骨ってどう？
石原慎太郎
氏だね
散骨は自治体の
条例などで厳しく
規制されているから
きちんと守る
必要がある
お墓参りは
できないね
自宅で供養する
方法もある
自宅墓という
新しいお墓の
形じゃ
お墓参りの
手間が省ける
らくちん
化けて
出てやる
今では
いろいろな
お墓の形がある
予算に
合わせて
じっくり
選ぶことが
大切じゃ
化石に
なったら
発掘して
あげる
だいぶ
先だな…

Q91 そもそも「お墓」とはなんですか？どんな種類がありますか？

A 死者を葬る場所であり死者と先祖・家族・親族などをつなぐ場所。種類は左ページの表参照。

お墓とは、火葬後の遺骨を収蔵し、故人を弔う場所のこと。お墓は宗教や地域によってさまざまな形があり、供養する方法や遺骨を埋葬する方法などにより、数多くの種類に分類されます（左ページの表参照）。

供養の方法によるお墓の種類として、最も一般的なのが先祖代々の遺骨を供養する「家墓（代々墓）」です（Q92参照）。墓石には「○○家代々の墓」など、家名を彫刻したものが多く見られます。

これに対し「永代供養墓」は、家族の代わりに寺院や霊園が供養・管理を行うお墓です。他人の遺骨とともに供養される「合葬墓」、一定期間は個別に供養される「単独墓」などがあります（Q95参照）。

「納骨堂」も永代供養墓の一種で、棚やロッカーなどに遺骨を納めます（Q97、Q98参照）。最近登場した、室内に墓石・墓地が収まった「室内墓所」も納骨堂の一種です（Q99参照）。少子化が進み、お墓の承継者がいないために、新たにお墓を建てることなく、こうした永代供養墓を選択する家族も増えています。

遺骨を埋葬する方法によるお墓の分類もあります。著名人や有名人などの場合、一人だけを埋葬する「個人墓」を建てることがあります。「両家墓」は、お墓の後継ぎが女性しかおらず、その人が結婚したことで名字が変わった場合に多く見られます（Q93参照）。

最近では、お墓の形にこだわらない供養の方法が増加しています。墓石の代わりにシンボルツリーを墓標に見立てて供養する「樹木葬」は、最近人気の埋葬法です（Q96参照）。自宅の仏壇に遺骨を安置する「手元供養」（Q101参照）も増加傾向にあるとされています。

最近、故石原慎太郎氏の供養で話題になった「散骨」（Q100参照）は、海や山に遺骨の一部を撒く方法です。火葬後に遺骨を引き取らない「0葬」（Q103参照）も登場しています（可能な地域は限られる）。

主なお墓の種類

● 供養の方法による分類

分類		内容
家墓 （代々墓・一般墓）		最も一般的なお墓で、墓石には「○○家代々の墓」など、家名を彫刻したものが多く見られる。その家の後継者が中心となって先祖代々を供養する。
永代供養墓	室内墓所	屋根つきの空間に小ぶりの墓石を納めた室内霊園。天候を気にせずにお墓参りができるが、彼岸やお盆には人が混み合うというデメリットもある。
	納骨堂	棚や扉つきのロッカーなど、室内に故人の遺骨が入った骨壺を納める。多くの場合、個別の骨壺での供養には期限があり、期限の経過後は、霊園内の「合葬墓・合祀墓」に埋葬される。
	合葬墓・合祀墓	骨壺のままほかの人とともに供養するのが合葬墓、骨壺から遺骨を取り出し、ほかの人の遺骨とともに埋葬するのが合祀墓。合葬墓も一定期間経過後は合祀される。

● 遺骨を埋葬する方法による分類

分類	内容
家墓 （累代墓・承継墓）	先祖代々の遺骨が納められている最も一般的なお墓。上表にある家墓（一般墓）と内容は同じ。
個人墓	一人だけで埋葬されるお墓。著名人や有名人などで、親族以外の墓参りが予想される場合に、独立した一般墓を建てる。永代供養墓の一種としての個人墓もある。
夫婦墓	一族とは別に夫婦だけで埋葬されるお墓。承継はせず、一定期間が経過したのち、合祀されることが多い。
両家墓	名字の異なる親族をいっしょに埋葬する。結婚で名字が変わった女性がお墓を承継する場合に多く見られる。
共同墓	大きく２つに分類される。１つは、集落・村落といった地域・宗教単位などの共同体により管理・運営されているもの。もう１つは、ほかの人の遺骨と共同で納骨する「永代供養墓」とも呼ばれるものがある。

● お墓の形にこだわらない供養の方法

分類		内容
自然葬	樹木葬	墓石ではなく、シンボルツリーを墓標に見立てて埋葬する。樹木墓地、樹林墓地ともいう。
	散骨	故人の遺骨のすべて、または一部を細かく砕いて、海や山、川、湖などに撒く供養の方法。
手元供養		自宅の仏壇に遺骨を安置して供養する。
0葬		火葬後に遺骨を引き取らず、その処理を火葬場に任せる方法。0葬が可能な地域は限られる。

Q92 「家墓（代々墓）」とはなんですか？メリット・デメリットも教えてください。

A 家族や先祖を弔うお墓。新しくお墓を購入する必要はないが、承継者などが問題となる。

「家墓」は、代々墓、累代墓などとも呼ばれ、家単位で守り承継しつづけていくお墓のことで、日本では最も多く見られるお墓の一形態です。墓石には「○○家の墓」などと家名が刻まれていることが多く、原則として、家族や同一姓の親族の遺骨を埋葬します。

ひと昔前までは、日本では長男が家を継ぐのが一般的で、家とともに先祖代々のお墓も承継していました。そのため、戦前は一族単位のお墓が多く、戦後になって都市部への人口の移動が進むと、家族単位のお墓が多く見られるようになりました。

家墓のメリットとしては、お墓参りに行けば、故人を身近に感じられること、すでにお墓があるので、新しく用意する必要がない、お墓参りのさいに集まった親族間の交流が図れる、といったことがあげられます。

一方、デメリットとしては、少子高齢化が進んだ現在では、家を継ぐという概念が薄れ、お墓の承継者がいないというケースが問題となっています。

新しくお墓を建て替える費用や年間管理費、寺院へのお布施（ふせ）などの金銭面、承継者の問題、掃除や草むしりの手間などをデメリットと捉え、家墓にこだわらない供養の方法を検討する人も増えています。

家墓のメリット・デメリット

◎メリット

- 故人を身近に感じられる
- すでにお墓があるので、新しくお墓を用意する必要がない
- お墓参りのさいに集まった親族間の交流が図れる

◎デメリット

- 新しくお墓を建て替える場合は、高い費用がかかる
- 年間管理費や寺院へのお布施などの費用が必要
- お墓の跡継ぎがいなくなると、無縁仏になる可能性がある
- 定期的な墓の掃除や草むしりの手間などがかかる

Q93 「両家墓」とは何？最近人気が高まっているのはなぜですか？

A 2つの家のお墓を1つにまとめたお墓。承継者不足の現在、その合理性が注目されている。

「両家墓」とは、家単位の家墓（いえはか）（Q92参照）とは異なり、姓の異なる親族などをいっしょに供養（くよう）するお墓のことをいいます。昔からあるお墓の形式の1つで、1つの区画に両家のお墓を建てるか、1つの墓石に両家の家名や家紋を入れたお墓を建てます。

例えば、一人娘が結婚すると、実家のお墓の承継者がいなくなってしまうといった場合などに、夫と妻の家のお墓をいっしょにする両家墓が作られます。両家の墓参りを同時にできる、お墓の維持費用が軽減する、といった合理性から最近ニーズが高まっています。

ただし、親族の反対、両家の宗教の違い、夫婦の離婚などでトラブルも多く、注意が必要です。

Q94 「永代供養墓」とはなんですか？メリット・デメリットも教えてください。

A 寺院や霊園が家族に代わり供養・管理を行うお墓。承継者がいらない点が最大のメリット。

「永代供養墓（えいたいくようぼ）」とは、寺院や霊園が家族に代わって供養・管理を行うお墓のことをいいます。永代供養墓では、他人の骨壺（こつつぼ）といっしょに供養し（「合葬（がっそう）」という）、一定期間が過ぎると骨壺から遺骨を取り出し、他人の遺骨といっしょに埋葬されます（「合祀（ごうし）」という）。中には、最初から合祀するところもあります。

メリットは、新規に個別のお墓を購入するよりも費用がかからないこと、お墓の掃除や草むしりといった手間がかからないことがあげられます。

デメリットは、いったん合祀されると、後で「個別に供養したい」と思っても、その遺骨だけを取り出すことができません。事前によく検討してください。

Q95 永代供養墓には「合葬墓」と「単独墓」があるそうですが、どう違いますか？

A 合葬墓は他人の遺骨とともに供養されるお墓。単独墓は一定期間、個別に供養されるお墓。

Q94でも説明したように、**永代供養墓**(えいたいくようぼ)とは一般に、見ず知らずの他人の骨壺(こつつぼ)と同じスペースに骨壺を置いて供養するお墓のことをいいます。このように血縁のない人といっしょに入るお墓のことを「**合葬墓**(がっそうぼ)」といいます。

合葬墓は、永代供養墓のほか、合葬式墓所、合葬式納骨施設など、呼び方はさまざまですが、供養を合同で行うという点は同じです。

ところが、「他人と合同のお墓では、お参りした気持ちになれない」などと感じる人も多いようです。そこで、最近では、こうした声に応える永代供養墓が登場しています。それが「**単独墓**」です。

単独墓とは、一定期間は骨壺(こつつぼ)を一定のスペースに納め、供養も個別に行います。寺院や霊園によっては、小ぶりの墓石を墓標とするところもあるため、一般的なお墓と同じ感覚でお参りすることができます。

ただし、一定期間が過ぎると、合同で供養する合葬墓に移されたり、骨壺から遺骨を取り出して、ほかの遺骨とまとめて埋葬する合祀墓(ごうしぼ)に移されたりします。

合祀墓に移されるまでの期間は、寺院や霊園によって異なります。短いところでは1～3年、多いのは十三回忌(き)や十七回忌、長いところでは三十三回忌や五十回忌とするところもあります。

単独墓には、一人だけで入る「単身墓」、夫婦二人で入る「夫婦墓」、家族全員が入れる「家族墓」などがあります。

単独墓は、一般の家墓(いえはか)を購入するのに比べれば費用は安く抑えられますが、単独のスペースを使用する分、合葬墓よりは高くなります。また、個別の供養期間は管理料がかかります。

単独墓で使われる墓石は一般的な家墓に比べると小さめ

Q96 合葬墓の一種「樹木葬墓」が人気を集めているのはなぜですか？

A 樹木葬墓は墓石の代わりに樹木や草花を墓標とするお墓。自然志向の高まりから人気に。

墓石ではなく、樹木（シンボルツリー）を墓標に見立てたお墓を「樹木葬墓」といい、「死後は自然に還（かえ）りたい」と考える人たちの間で注目されています。

樹木葬墓では、直接遺骨を土中に埋めるタイプや、一定期間後にほかの遺骨といっしょに埋葬する一代限りの合葬墓（がっそうぼ）タイプが多く見られます。最近では、承継できるタイプの樹木葬墓も増えてきています。

樹木葬墓は、墓標代わりとなる樹木と納骨の方法によって、❶遺骨を埋める1区画に対して1本の樹木がある「単独墓型」、❷1本の樹木の下に数体〜数十体の遺骨を埋める「集合墓型」、❸遺骨を直接、または袋に入れて樹木の下に埋める「合葬墓型」という3つのスタイルがあります。

埋葬場所は、大きく「里山型」と「公園型」に分けられます。里山型は、墓地として認められた里山の土の中に遺骨を埋めて植樹をするもので、多くの場合、1家族につき1本の植樹が行われます。

公園型は、都市部に多く見られるスタイルです。1本のシンボルツリーの周辺に個別に埋葬するか、合葬するケースが多く見られます。最近は、シンボルツリーではなく、墓地の区画内に草花を配した西洋風の庭園に埋葬する「ガーデニング型樹木葬墓」も登場して、明るい雰囲気が人気となっています。

樹木葬の種類

○ 里山型樹木葬墓

墓地として認められた里山の土の中に遺骨を埋めて植樹をする。多くの場合、1家族につき1本の植樹が行われる。

○ 公園型樹木葬墓

都市部に多く見られる樹木葬のスタイル。1本のシンボルツリーの周辺に個別埋葬または合葬・合祀される。シンボルツリーではなく、草花を配した西洋風の庭園に埋葬する「ガーデニング型樹木葬墓」と呼ばれるタイプもある。

Q97 「納骨堂」とはなんですか？メリット・デメリットも教えてください。

A 骨壺に納めた遺骨を安置しておく建物（お墓）。近くて墓参りしやすい点が最大のメリット。

墓地が潤沢ではない都市部のお墓として、最近、利用者が増えている室内施設が「納骨堂」です。**交通の便のいい場所に設けられていることが多く、天候に左右されずにお墓参りできるのが大きなメリット。**また、多くの場合、檀家になる必要がないことをメリットと捉える人も多いようです。

家墓（Q92参照）との大きな違いは、室内施設に骨壺のまま収蔵することと、建物の中にたくさんの納骨スペースがあること。昔ながらのお墓を一戸建てにたとえると、納骨堂は、マンションといえます。

もともと納骨堂は、新しくお墓を建てるまでの間、寺院や霊園で一時的に遺骨の入った骨壺を預かる場所として使われていました。

その後、少子高齢化の進展に伴い、子供などの承継者がいない人たちから、お墓代わりとして利用されるようになりました。「高齢になって、お墓参りがつらくなった」「お墓が遠方でなかなか墓参りできない」という理由から、代々続く家墓を墓じまいして、自分たちは納骨堂に入るという人たちも増えているようです。

納骨堂は、永代供養墓の一種で、骨壺を置く期間を3年、10年、20年などと決めて契約を結びます。契約期間が過ぎたら再契約できますが、再契約しない場合には、ほかの人の遺骨とともに合葬・合祀されます。

メリット・デメリット

◎メリット

- 天候に左右されず、墓参りができる
- 交通の便がいい施設が多い
- 多くの場合、檀家にならなくていい
- お墓の管理を任せられる
- 個別に骨壺を収蔵するため、改葬がしやすい
- 契約期間後も再契約（期間延長）することもできる

◎デメリット

- 線香をたけないなど、室内ならではの制約やルールがある
- 彼岸やお盆には混み合う

Q98 納骨堂は「4つのタイプ」に分かれるそうですが、どう違いますか？

A ロッカー式・棚式、仏壇式、自動搬送式、位牌式の4タイプによって、それぞれ特徴がある。

かつての納骨堂は、骨壺の一時保管場所として利用されていたこともあり、遺骨の収納形式はロッカー式や棚式など、簡素な作りのものがほとんど。そのため、整然としすぎていて味気ないともいわれていました。

ところが、最近の納骨堂は、遺骨を手厚く供養できる施設になりました。おごそかな雰囲気が保てるように、仏像などを設置し、室内空間に意匠を凝らし、ゆったりした参拝スペースを設けるなど、さまざまな施設が見られるようになっています。

納骨堂のタイプをよく理解して選ぶといい

納骨堂は、大きく4つのタイプに分けられます。

●ロッカー式・棚式

ロッカー式は、コインロッカーのように扉のついた棚の中に遺骨の入った骨壺を納めます。お参りをするさいは、扉を開けて遺骨に向かってお参りする形式、専用の参拝スペースでお参りする形式などがあります。最近では、ロッカーの扉に絵や箔などの装飾を凝らしたものが多くなりました。施設によっては、骨壺といっしょに位牌や写真、故人が好きだったものを入れることができる場合もあります。

棚式は、ロッカー式の扉のついていないタイプです。ロッカー式・棚式のどちらも利用には期限があり、期

納骨堂の種類

○ロッカー式・棚式

扉のついた棚や、扉のない棚に遺骨を納める。利用には期限があり、期限後は合祀される。

○仏壇式

上部が仏壇、下部に遺骨が納められており、仏壇部分には、遺影などを置くこともできる。

○自動搬送式

参拝のさいには、収納庫に納められている骨壺が、参拝スペースに自動的に運ばれてくる。

○位牌式

位牌の棚の下に遺骨を納めるタイプと、位牌だけを本尊の周りに飾るタイプがある。

限後はほかの遺骨といっしょに埋葬されます。

●仏壇式

縦長のロッカーが並ぶ形式の納骨堂で、上段は仏壇、下段に遺骨を納めるタイプが一般的です。仏壇部分には位牌や遺影などを置ける場合があります。

ロッカー式よりもスペースがあるため、夫婦や家族で使用できるケースも少なくありません。

●自動搬送式

機械式納骨堂ともいいます。訪れた人が受付機に専用のカードをかざすと、収納庫に納められている骨壺が、参拝スペースに自動的に運ばれてくるタイプの納骨堂です。参拝スペースは豪華で高級な雰囲気があるところが多く見られますが、その分、ほかの納骨堂よりも高額です。承継可能なものも増えています。

●位牌式

墓石に代わるものとして、位牌を祀るタイプの納骨堂です。大きく2タイプがあり、1つは位牌が置かれた棚の下に遺骨を納めるタイプ、もう1つは大きな本尊の周りに多数の位牌が置かれ、遺骨は別のスペースに納めるタイプです。

Q99 最近登場した「室内墓所」とはなんですか？納骨堂とどう違いますか？

A お墓の形状にこだわった室内霊園で、納骨堂の一形態。室内に墓石・墓地が収まっている。

最近登場したお墓の形が「室内墓所」です。屋根のある室内空間に家墓（Q92参照）のような墓石を設置したお墓で、限られたスペースに設置するため、家墓と比べて小ぶりの墓石を使用するケースが多く見られます。天候を気にせずお参りできるというメリットがある反面、お盆や彼岸などの墓参りシーズンは混み合うというデメリットもあります。

最近は、自動式納骨堂（Q98参照）の1つとして、室内に墓石を並べるのではなく、コンピュータ制御によって墓石が1区画ずつ礼拝堂まで運ばれてくるタイプも登場しています。納骨堂と同様、お墓を承継できるタイプと、期限が来たら合祀されるタイプがあります。

Q100 故石原慎太郎氏が行った「散骨」を問題なく行う方法はありますか？

A 海や山に遺骨を撒く散骨は法律上問題ないが、散骨を禁止する自治体もあるので要注意。

「散骨」とは、遺骨のすべて、またはその一部を海や山などに撒いて自然に還す「自然葬」の一種です。

散骨にはさまざまなタイプがあり、代表的なものは海に遺灰を撒く「海洋散骨（海洋葬）」です。「樹木葬」（Q96参照）のうち、遺骨を骨壺から取り出して、里山の森林に撒くタイプの散骨もあります。

日本では「墓地、埋葬等に関する法律」（墓地埋葬法）で、遺骨は墓地以外に埋葬することが禁じられています。そのため、散骨は「死体遺棄罪」に当たるとして違法と考えられてきました。

ところが、法務省から、非公式ながらも、「節度を持って葬送の一部として行う限り、違法ではない」という見解が出されました。実際に石原裕次郎氏、いずみたく氏、勝新太郎氏、そして石原慎太郎氏などの著名人が海洋散骨で葬られたことから、注目されています。

しかし、条例で散骨を禁止している自治体もあり、人家が近くにある場所や、水源である川や湖、漁場や海上交通の要所での散骨も禁じられています。こうしたさまざまな規制があることから、現在は、海上の定められた区域に遺灰を撒く海洋散骨が主流となっています。

散骨を行う場合は、規制に則った葬送を行う業者に依頼しましょう。業者に依頼する方法には、❶遺骨を渡して葬送を依頼する代行散骨、❷遺族数組といっしょの船で行う合同散骨、❸船をチャーターして自分の家族だけで行う個別散骨などがあります。遺骨は2ミリ以下のパウダー状に細かく砕き、海に撒かれます。

すべての遺骨を散骨してしまうと、後になって、「やっぱりお墓に入れたい」と思っても手元に取り戻すことはできません。遺骨の一部だけを散骨するなど、事前によく検討してください。

Q101 自宅での「手元供養」を問題なく行うには、どうしたらいいですか？

A 自宅の庭に遺骨を埋めるのは違法だが、仏壇などに遺骨を安置するのはなんら問題なし。

「手元供養（くよう）」とは、故人の遺骨を自宅などの身近な場所で保管して供養する方法です。

墓地埋葬法（Q100参照）により、自宅の庭などに遺骨を埋めることはできませんが、仏壇（ぶつだん）などに安置することはできます。故人を身近に感じていたい、暗いお墓の中に入れたくない、お墓を建てるお金がない、といった理由から、最近、増加している供養法です。

手元供養には大きく2つの方法があります。

その1つが、遺骨の一部または全部を骨壺（こつつぼ）などに入れて自宅に安置する方法です。遺骨を分骨して大半は納骨堂などに納め、自宅では遺骨の一部をミニサイズの骨壺に納めるのが一般的です。最近は、ミニ仏壇や写真立てに骨壺がついたタイプや、ぬいぐるみの中に遺骨を納めるタイプなど、一見して骨壺とわからないものが多く、素材やデザインなどのバリエーションも豊富です。

もう1つが、遺骨を加工して身につけたり、身近に置いておく方法です。少量の遺骨をロケットペンダントやブレスレット、キーホルダーなどの中に入れ、アクセサリーとして身につけたり、遺骨の一部をタイルや花瓶の素材に混ぜて加工し、自宅に飾ったりします。

手元供養する場合は、自分で遺骨を管理できなくなったときのことを考えておく必要があります。いつかお墓に入れるときのために、火葬したさいに発行された「火葬証明書」を大切に保管しておきましょう。

手元供養の種類

○ 遺骨のまま供養

遺骨を分骨し、大半は納骨堂などに納め、自宅では遺骨の一部をミニサイズの骨壺に収納するのが一般的。この骨壺は、一見骨壺とわからないような素材やデザインがあり、豊富なバリエーションから選べる。

○ 遺骨を加工して供養

ロケットペンダントやブレスレット、キーホルダーなどのアクセサリーとして身につけたり、遺骨の一部をタイルや花瓶の素材に混ぜて加工し、自宅に飾ったりする。

Q102 最近よく聞く「自宅墓」はお墓ですか？問題なく行うことはできますか？

A 自宅墓とは手元供養の一種であり、お墓ではない。設置場所によっては違法になることも。

「自宅墓」とは、自宅の仏壇などの中に遺骨を納めて供養する方法のことです。名前に「墓」とついていますが、実態としては墓ではなく、「手元供養」（Q101参照）の1つといえます。遠方までお墓参りに行かなくても、自宅で毎日お参りができる手軽さから、注目されるようになりました。

遺骨を室内に安置する分には問題ありませんが、自宅の庭にお墓を建てて遺骨を埋めると墓地埋葬法（Q100参照）に違反します。また、遺骨を埋めず、置いてある状態なら違反にはならないものの、自宅を売却することになった場合、「庭にお墓があった家」として価値が低下する可能性があります。

Q103 お墓を持たない「0葬」があると聞きました。どんな方法ですか？

A 葬儀を行わず、火葬した遺骨を火葬場で処分してもらう方法。ただし、可能な地域は一部。

「0葬」とは、通夜や葬儀を行わず、火葬した後で遺骨を引き取らずに火葬場で処分してもらう方法です。宗教学者の島田裕巳氏が、遺族に迷惑をかけない死に方として0葬を提唱し、マスコミにも取り上げられて、大きな話題となりました。

0葬を行うことができるのは、火葬場が遺骨を処分することを認めている自治体に限られており、西日本に多く見られます。もともと西日本では、遺族が遺骨の一部を持ち帰り、残りは火葬場が処分するという習慣があったためです。そのほかの地域では、遺骨は遺族が全部引き取ることが原則となっています。0葬を希望する場合は、あらかじめ自治体への問い合わせが必要です。

Q104 「先祖代々のお墓で安らかに眠りたい」というのは古い考え方でしょうか？

A 決して古い考え方ではない。一方で、改葬や墓じまいをする人が増えつつあるのが現状。

日本のお墓の変遷を振り返ると、家墓（Q92参照）が一般的になったのは昭和になってからのこと。核家族化が進んだ高度成長期には墓地が足りなくなり、郊外に大規模な霊園が開発されるようになりました。

その後、利便性がいい納骨堂が都市部に増加。人生の最期を迎える準備を行う「終活ブーム」が広まったこともあり、今では、お墓の形も多様化して、改葬や墓じまい（第11・12章参照）をする人も増えています。

ただし、**お墓についての考え方は人それぞれ。「先祖代々のお墓で安らかに眠りたい」というのも、決して古い考え方ではありません。「自分の死後は家墓に入りたい」と、家族にはっきり伝えておくといいでしょう。**

Q105 お墓は持ちたくありません。持たないと不都合なことはありますか？

A 個人の自由。ただし、家族などの了解を得ていても、後になって家族が悔やむこともある。

古くから日本では、お墓は、遺骨が納められているだけではなく、先祖代々の魂が眠る場所と考えられてきました。ところが現代では、お墓の承継者がいない、お墓に高額の費用をかけられない、といった事情から、お墓の規模は徐々に縮小化しています。

お墓に対する考え方も多様化しており、お墓を持たないという人も増えてきました。ほかの人といっしょに埋葬する「合祀」（Q94参照）や、遺骨を海や山に撒く「散骨」などが、お墓を持たない供養の方法です。

ただし、家族の了解を得ていても、後になって「お墓を建てればよかった」と悔やまないように、お墓を持つ・持たないについては、十分に検討してください。

第9章

お墓編❷

お墓の承継・管理・処分についての疑問12

▶Q106～117◀

回答者

佐藤正明税理士・社会保険労務士事務所所長
税理士　社会保険労務士　日本福祉大学非常勤講師
佐藤正明（さとうまさあき）

お墓を承継すると購入しなくてすむが、先祖供養・手入れ・管理料などの負担が大きい

例えば
遺言書に
「○○に承継させる」
と書かれていたら
その指定どおり
実行することになる
口頭での
指定でも
その意思は
尊重される
墓は
一郎に…
カチャ
どこから
そんなもの
…
新しくお墓
を買うより
継いだほうが
安上がりだ

バカいうな！
お墓を継ぐって
大変だぞ！
先祖の供養
墓の手入れ
管理料の支払い
お寺への寄進…
相続税だって
かかってくる
相続税の
心配は
ない
お墓は
祭祀財産といって
相続財産に
ならないのじゃ

承継者が
決まらなかったら
お墓はどうなる？
遺族が墓石などを
解体・撤去して
更地に戻し
お寺に返さ
なければならん
費用は遺族が
負担する
先祖の遺骨も
取り出して
引き取らねば
ならん
困るわ
わかったよ
おれがお墓を
継ぐよ
決まった
ーっ

もうすぐ
定年だろ
母さんと
暮らすことを
考えたら？
頼りに
してるよ
次から
次へと～
いやまったく…

Q106 お墓を継ぐことを「承継する」といい、「相続する」といわないのはなぜですか？

A 民法ではお墓などの祭祀財産は相続財産と見なさず、受け継ぐものと規定されているため。

神仏や祖先を祀るための財産のことを「祭祀財産」といい、相続税が課される相続財産とは異なる財産とされています。

そのため、祭祀財産は、通常の相続財産とは切り離され、「祭祀承継者」という特定の一人に引き継がれます（このように厳密には相続するとはいわない）。この祭祀財産に対し、一般的な相続財産は、相続人によって分割して相続されます。

民法で定められた祭祀財産とは、系譜（家系図など血縁の関係が記された記録物）、祭具（仏壇・仏具・位牌・神棚など）、墳墓（お墓や墓地）を指します。

したがって、お墓を「承継する」「引き継ぐ」とは、墓地の永代使用権と墓石の所有権を承継することであり、祭具や法要の主催を含むと考えられます。

Q107 お墓や仏壇を承継しても「相続税は課税されない」とは本当ですか？

A 本当。お墓や仏壇、家系図、位牌、神棚などの祭祀財産は原則として課税されない。

相続税の計算では、社会通念上の性質や政策上の見地から、相続税の課税対象とすることが適当でないものを「非課税財産」として除外することができます。

その代表例が「祭祀財産」（Q106参照）です。祭具（仏壇・仏具・位牌・仏像・神棚など）や墳墓（お墓や墓地）などの祭祀財産は、相続税法第12条において、非課税財産であると定められています。

しかし、祭祀財産ならすべてが非課税になるかといえば、そうとは限りません。社会通念上、相当と認められる範囲を超えている高額な祭祀財産については、非課税財産と認められないこともあります。

例えば、純金などの貴金属類で作られた仏壇や仏具、仏像です。いうまでもなく純金は資産価値が高く、こうした財産を市場に出せば高額で取引されます。滅多にないとは思いますが、このように、明らかに高額な祭祀財産を引き継ぐ場合には注意が必要です。

また、**お葬式と相続税の関係でいうと、相続税の課税価格を計算するさい、原則として葬儀費用は、借入金やローンなどの債務とともに「債務控除」として、相続財産から除外されます。**

ただし、葬儀費用の多くは、相続財産から除外されますが、除外されないものもあります。

相続財産から除外されるものは、通夜や葬儀にかかった費用、死体の捜索・運搬にかかった費用（遭難などの場合）、お葬式前後にかかった費用（通常必要と認められるもの）など。除外されないものは、香典返しにかかった費用、墓石や墓地の取得にかかった費用、法要（初七日、四十九日など）にかかった費用などです。

なお、祭祀財産を購入するために借り入れた債務は、相続税の計算上、債務控除の対象とはなりません。借入金で祭祀財産の購入を考えている人は、十分に気をつけましょう。

祭祀財産＆葬儀費用と相続税の関係

◉ 祭祀財産

相続税がかからない祭祀財産	●**系譜**（家系図など血縁の関係が記された記録物） ●**祭具**（仏壇・仏具・位牌・仏像・神棚など） ●**墳墓**（お墓や墓地）　etc.

◉ 葬儀費用

相続財産から控除される葬儀費用	●**通夜**にかかった費用 ●**本葬・密葬**にかかった費用 ●**葬式前後**に生じた出費（通常必要と認められるもの） ●死体の**捜索・運搬**費用　etc.
相続財産から控除されない葬儀費用	●**香典返し**の費用 ●**墓石**や**墓地**の**取得**費用 ●**法要**費用（初七日、四十九日など） ●**遺体解剖**費用　etc.

Q108 お墓は誰が承継してもいいですか？嫁いで姓が違う女性でもかまいませんか？

A 誰が継いでもOK。ただし、三親等内の親族に限るなどとする寺院・霊園もある。

お墓は祭祀(さいし)財産であり相続財産ではない（Q106参照）ため、承継するのは原則として一人です。誰が承継するかでもめることのないように、できれば本人が生前のうちに、お墓を引き継ぐ「祭祀承継者」（以下、承継者）を決めておくといいでしょう。

承継者を誰にするかは口頭で伝えてもかまいませんが、遺言書などの書面で指定することが望ましいと考えられます。その場合、承継者にお墓の維持・管理の負担が生じることを考慮し、財産をほかの相続人より多く相続させることもできます。ただし、指定された人は原則として拒否も放棄もできないので注意が必要です。

なんら故人の意思が示されていない場合、通常は家族の合意や意思決定に基づいて承継者を決定します。家族全員で話し合った結果であり、本人にお墓を継ぐ意思があれば、姓の違っている嫁いだ女性でもかまいません。

承継する人が親族に限られるお墓も多い

一方で、**たとえ親族がいたとしても、親族以外の第三者を承継者に指定することも可能です。**

とはいえ、墓地や霊園を管理する側の規定などで、墓地使用権の承継の範囲について、一定の制限規定が設けられている場合があります。

例えば、都立霊園の場合、お墓を承継できるのは祭祀主催者であり、原則として墓地使用者の親族などであることが条件とされています。親族以外の第三者に墓地使用権を承継させる場合は、墓地や霊園の管理者などに前もって確認しておいたほうがいいでしょう。

また、お墓の承継には、地域や宗教によって異なる慣習があり、お墓の所有権や承継に関して特別の決まりや規制が設けられている場合があります。こうした状況をきちんと把握し、理解したうえで、適切な手続きを行うことが重要です。

Q109 お墓を承継すると、どんな負担が生じることになりますか？

A 親や先祖の供養に加え、お墓の手入れ、管理料の支払い、お布施など多くの負担が生じる。

お墓を引き継ぐと、祭祀承継者（以下、承継者）には以下のような負担が生じることになります。

❶法的手続きと費用

Q107で説明したように、お墓を承継しても相続税はかかりません。

しかし、墓地や霊園の規定によって、お墓の所有権の移転や登記手続きが必要になる場合があります。承継者は名義変更などの手続きを行い、必要な書類や手続きにかかわる費用を負担しなければなりません。

❷維持管理費用

お墓を維持していくためには、定期的な作業や手入れが必要で、一般的な墓地や霊園では一定の管理料がかかります。多くの場合、管理料には草取りや墓石の修繕、墓地の清掃などの作業費が含まれます。しかし、墓地や霊園によっては承継者がこうした作業を自分で行ったり、専門業者に依頼したりする必要があります。

❸家族の期待や責任

お墓は「家の伝統や家族の絆を示すもの」と見なされがちです。承継者には、家族や親族の歴史やつながりを守る役割を果たすことが期待されます。

❹将来にわたる負担

お墓は長期間にわたって維持する必要があるため、承継者は将来にわたって維持管理の負担が生じます。また、年忌法要や追善供養を行えば、僧侶へのお布施も必要になります。さらに、ライフステージの変化や転勤、引っ越しなどにより、これらの負担が重く感じられるようになることもあるでしょう。

承継者は、こうした負担を考慮し、自身の状況に応じて必要な情報を収集し、家族や関係者との意思疎通を図ることが重要です。

Q110 親の意思でお墓の承継者に指定されました。拒むことはできますか？

A 遺言書の指定なら基本的には拒めない。単なる指定なら家族と話し合って決めることに。

お墓を継ぐ祭祀（さいし）承継者（以下、承継者）は故人（被相続人）の指定により決まり、被相続人が祭祀を主催する承継者を指定する方法には特に定めがありません。

つまり、故人は生前に承継者を口頭で指定をすることも、遺言で指定することもできます。はっきり「○○が祭祀を承継する」といわなくても、「被相続人のお墓の建立者として墓碑に名前を刻んだ相続人が祭祀を承継するべきである」と認定した判例もあります。

承継者に指定された人は、遺言書の効力が生じるときに祭祀を承継して祭祀主催者となり、原則として辞退することはできません。トラブルを防ぐためにも、承継者に指定する人の了解を事前に得ることが大切です。

お墓の承継は、家族の歴史や絆（きずな）にかかわります。承継するのを拒む場合は、家族や親族と協議して意思疎通（そつう）を図り、双方の理解や合意を得ることで円満な解決を目指しましょう。

遺言書の指定なら拒否できない

相続人は「相続放棄」の手続きを行えば、相続人から外れることができます。しかし、承継者には相続放棄のような制度がありません。また、祭祀財産は相続財産には含まれないため、相続放棄をしても承継者に選ばれ、祭祀財産を受け継ぐ可能性があります。

なお、故人が遺言書で承継者を指定した場合、指定された人はそれを拒否できず、遺言書の指示に従うことになります。あくまでも故人の意思が最優先されるということを理解しておきましょう。

承継者は祭祀を主催する立場ですが、祭祀を執り行う義務はありません。つまり、祭祀を主催しなくても罰則などは科されないのです。それでも拒否したいのであれば、専門家の助言を受けて自分の権利や義務を理解したうえで適切に判断しましょう。

Q111 お墓の承継者が決まりません。どうやって決めるといいですか？

A **①被相続人の指定、②慣習、③相続人の協議で決める。もめたら裁判所が指定することに。**

お墓を継ぐ祭祀（さいし）承継者（以下、承継者）を選ぶルールは、下の図のとおり民法897条に規定されています。

くわしく見ていきましょう。

❶被相続人が指定する

承継者を決めるさいは、故人（被相続人）の指定が優先されます。この指定は文書でも口頭でも可能ですが、遺言書で指定するのが確実です。承継者に制限はなく、相続人や親族以外の人も承継者になれます。

❷慣習に従って決める

慣習とは社会生活における特定の事項について、反復して行われていることが一種の社会規範になっている状態をいいます。故人の指定がない場合は、近しい親族が承継者になるのが一般的です。

❸家庭裁判所が指定する

故人による指定がなく、承継者を決める慣習も明らかでない場合は、家庭裁判所が承継者を指定します。

具体的には、相続人などが家庭裁判所に「承継者指定の調停・審判」を申し立てます（申立権者に関する規定はない）。

家庭裁判所は、故人の遺志、故人との人間関係、祭祀を主催する意欲や能力、利害関係者（相続人など）の意見などを総合的に考慮して、最もふさわしいと判断した人を承継者に指定します。

民法における祭祀承継者の選定ルール

❶ 被相続人が指定した者が祭祀承継者になる
➡ **相続人が指定する**

❷ 被相続人の指定がない場合は、慣習に従って祖先の祭祀を主催すべき者が祭祀承継者になる
➡ **慣習に従って決める**

❸ 被相続人の指定がなく慣習も明らかでない場合は、家庭裁判所が祭祀承継者を選ぶ
➡ **家庭裁判所が指定する**

Q112 お墓を承継するさいの「名義変更手続き」はどう行いますか？

A お墓のある寺院・霊園が定める規約に基づいて進める。まずは寺院・霊園に問い合わせを。

お墓の名義人が亡くなったら、「名義変更手続き」が必要になります。この手続きを行う期間については、特に法律上の定めはありません。しかし、寺院や霊園によっては手続き期間について規則で定めていることがあるため、寺院などの墓地管理者に問い合わせましょう。

具体的な手順や手続きは墓地管理者によって異なるので、ここでは一般的な手順を説明します。

❶墓地管理者に連絡する

寺院や霊園を運営している墓地管理者に、名義変更の申し出を行います。公営墓地の場合は自治体に窓口があります。必要な書類や手順も事前に確認しておくと、二度手間になりません。

❷必要書類を準備する

一般的には、下の表の書類が必要になります。事前に書類をすべてそろえましょう。

公営墓地の名義変更手続きは、市区町村役場で行います。市区町村役場への死亡届とお墓の名義変更は別の手続きなので、忘れずに名義変更手続きを行いましょう。

❸手数料を用意しておく

お墓の名義変更手続きには手数料がかかります。民営墓地、公営墓地、寺院墓地によって、1500円から1万円程度までとまちまちです。なお、名義変更をしないと管理料の滞納になり、永代使用権が取り消されることもあります。早めに名義変更手続きを行いましょう。

名義変更の必要書類

□	名義変更届
□	永代使用許可証
□	現在の名義人の死亡証明書
□	現在の名義人の戸籍謄本（抄本）
□	承継者の戸籍謄本（抄本）・住民票
□	承継者の印鑑証明書

※確認したら□に✓をつける

Q113 私が承継するお墓は「永代使用墓」です。「永代供養墓」とどう違いますか？

A 永代使用墓は承継者が続く限り使えるお墓。永代供養墓は承継者の有無を問わないお墓。

「永代使用墓」は、お墓を継ぐ祭祀承継者（以下、承継者）が続く限り永久に使用できるお墓です。古くからある「先祖代々のお墓」などと呼ばれる「家墓」が、この永代使用墓に当たります。

永代使用墓は墓地を永代にわたって使用できるお墓なので、承継者などの遺族が供養や管理を行わなくてはなりません。したがって、お墓を継ぐ人が途絶えると、お墓を維持できなくなってしまいます。

なお、永代使用墓を購入した場合、契約時に永代使用料を支払うことでお墓の一区画を使用する権利（使用権）は得られますが、お墓の所有権が寺院や霊園から購入者に移るということはありません。お墓を引き継いだ場合でも、承継できるのは使用権だけです。

これに対し「永代供養墓」は、承継者の有無にかかわらず、永代にわたって寺院や霊園などが故人の遺骨を管理・供養してくれる新しい形のお墓のことをいいます。

最近は、承継者がいない、後の世代の負担を軽くしたいといった理由から、永代供養墓を選ぶ人が増えています。永代供養墓には合祀（合葬）墓、納骨堂、樹木葬（自然葬）墓などの形態がありますが、永代＝永久ではなく、十三回忌、三十三回忌などの節目で法要を終了する契約も多いようです。

永代使用墓と永代供養墓

永代使用墓

古くからある家墓のことで、墓地を永代にわたって使用できる。祭祀承継者などの遺族や親族がお墓を管理しなくてはならない。

永代供養墓

霊園や寺院が遺族や親族に代わって、お墓の管理や供養をしてくれるお墓。そのため、祭祀承継者の有無を問われずにすむ。

Q114 お墓の管理者からの「管理料の値上げ」には応じなければなりませんか？

A 管理者側に改定権があり、利用規約などの定めに相応する値上げなら応じる必要がある。

「管理料の値上げ」を求められたら、お墓の管理に関する契約書や規約で、管理料の値上げに関する特定の条項・条件が記されているかどうかを確認しましょう。通常は管理料に関する条項があるはずです。

公営墓地の場合、条例や使用規則の改正により管理料を値上げすることが可能になっています。民営墓地でも多くの場合、通常は契約書や使用規則に「社会情勢の変動等により管理料が不均衡になったとき、墓地管理者はこれを改定できる」といった規定が含まれています。

ただし、こうした規定があれば、管理料をいくらでも値上げできるわけではありません。必要かつ相当と認められる範囲内での管理料の改定は可能と解釈すべきで、値上げの理由や値上げ幅について、よく確認することが重要です。そうした手順を踏んだうえで、契約書や規約に基づく管理料の値上げが合法的かつ合理的である場合は、応じるべきであると考えられます。

合理的な根拠があるなら応じるべき

一方、契約書や使用規則に管理料の改定条項の記載がない場合には、管理者に管理料の改定権はないと考えられます。

しかし、実際にかかる費用に比べて低額の管理料が設定されている場合に、値上げの権利がないと突っぱねてしまうと、お墓の管理がおろそかになりかねません。必要な範囲内での値上げ交渉には応じる必要があるでしょう。同じように、管理者側が墓地の維持や管理費用について合理的な根拠を提示して値上げを求めているなら、話し合いの余地はあると考えるべきです。

いずれにしても、管理料の値上げに対して不満や疑問があるなら、値上げの理由や金額について説明を求め、代替案や節約策を提案するなど、合意に向けて話し合うことをおすすめします。

Q115 お墓の管理料の不払いを続けた場合、使用権などはどうなりますか？

A 墓地の使用権が解消される可能性大。その場合、お墓の撤去費用なども負担することに。

お墓の管理料の滞納を続けていて、契約書や規約に明記されている期間を過ぎると、墓地の使用権を喪失する場合があります。また、管理者の催促にも応じず放置していると、法的手続きによって管理料に滞納した期間分の利息が加算されたり、お墓の撤去とその費用を請求されたりする可能性もあります。

管理料の支払いについては、契約条件などで納得できないことがあるかもしれません。しかし、**たとえ不払いにする正当な理由があっても、契約書や規約の内容を確認し、必要に応じて専門家に助言を求めましょう。**

正当な理由もなく不払いを続けるのは言語道断で、お墓の維持・管理に対して責任を持つことが重要です。

Q116 承継したお墓を売却することはできますか？

A お墓を売却するには所有権が必要。通常、使用権しかついていないので売却できない。

一般的なお墓である「永代(えいたい)使用墓」（Q113参照）の場合、墓地の区画を永代にわたって使用できる「永代使用権」を取得しているにすぎません。**墓地の所有権はお墓を管理する寺院や霊園にあるため、墓地を売却することはできないことになっています。**

なお、永代使用権については、第三者への売却が可能です。しかし、墓地の永代使用権の契約書には通常「永代使用権を第三者に譲渡、転売することを禁止する」という「譲渡禁止特約」の文言が入っており、違反すると永代使用権を取り消される可能性があります。これは墓地の名義が個人になっている「個人墓地」でも同じであり、原則として第三者への売却・譲渡はできません。

Q117 承継したお墓の処分を考えています。どんな点に注意が必要ですか?

A 墓じまいには管理者の承諾、お墓の撤去、行政手続きなどが必要。トラブルも多く要注意。

お墓を維持管理することが困難になった場合は、お墓に納められている遺骨を取り出し、墓石などを処分して更地にし、使用権を得ていた土地を寺院や霊園に返却します。これを「墓じまい」(第12章参照)といいます。

少子高齢化が進んだ現在の日本では「終活」の1つとして墓じまいに踏み切る人が増えていますが、墓じまいをするさいには、次のことに注意が必要です。

❶遺骨を取り出すさいの注意点

遺骨を取り出すときは、法律や寺院・霊園の規則で定められた手続きを確認する必要があります。

遺骨の全部を別のお墓に移す場合は「改葬」の手続きが必要です。遺骨の全部または一部を手元に置いて供養(くよう)する場合は特に法的な手続きは必要ありません。

❷墓所区画を整理するさいの注意点

遺骨を取り出した区画は、工事業者に墓石などを撤去し更地にしてもらい霊園や寺院に返還します。そのさい、霊園や寺院が定める規約に従う必要があります。

墓じまいには家族や親族の同意が必要

❸事前に家族や親族の同意を得る

祭祀(さいし)承継者(以下、承継者)でない人が勝手に墓じまいをすると、後々のトラブルの原因になります。必ず承継者が家族や親族の同意を得たうえで実行しましょう。

❹事前に費用の予算計画を立てる

墓じまいには、宗教儀礼にかかる費用、菩提寺(ぼだいじ)からの離檀(りだん)料、墓石の処分費用、遺骨の保管や再納骨にかかる費用、墓地の整備費用など、さまざまな費用が発生します。専門業者に依頼する作業がほとんどなので、事前に費用を見積もってもらい、予算計画を立てましょう。

墓じまいは、自分1人ではできません。家族や親族それぞれの思いを尊重し、墓地管理者や工事業者などの協力を得ながら進めることが大切です。

第10章

お墓編❸

お墓・墓地の購入についての疑問12

▶Q118〜129◀

回答者

佐藤正明税理士・社会保険労務士事務所所長
税理士　社会保険労務士　日本福祉大学非常勤講師
佐藤正明（さとうまさあき）

お墓がないと遺される家族は大変で、公営・民営・寺院墓地などをよく検討して購入を！

鳥越晃弘（将司の父・享年80歳）
信代（将司の母・享年88歳）
鳥越将司（60歳）
隣の新しいお墓字が赤いわ
赤い字はお墓に入る人が存命中ということだ
柳田勉（郁恵の夫）
生きているのにお墓？
咲子（将司の妻）
柳田郁恵（将司の長女）
奈々（郁恵の子）
航（郁恵の子）
亡くなってから建てるのは大変だからのう
葬祭博士
人が亡くなるとお葬式の手配役所への届け出などいろんな手続きが必要になるだから生きているうちにお墓を建てて準備しておくんじゃ
備えあれば憂いなしね
お供えあればうれしいな
私たちもお墓を買っておきましょう
兄が継いだこのお墓に入るわけにはいかないからな
お墓ってどんな種類があるの？

ふつうのお墓なら主に公営墓地民営墓地寺院墓地の3つ
永代供養墓なら樹木葬墓や納骨堂などがある
ふつうのお墓は購入しても取得できるのは使用権であって所有権までは認められん
!
だからお墓は勝手に売り買いできないいんだ
ふつうのお墓は永代使用権じゃが承継者が絶えるとこの権利は消滅し誰も供養してくれなくなる
これに対し永代供養墓は承継者の有無を問わない
キーン
寺院や霊園が遺族の代わりに半永久的に供養してくれるんじゃ
承継者がいなくていいならおひとりさまも安心ね
おれたちはふつうのお墓でいいな
子も孫もいるし
ちょっと!
その話なら私たちにも相談してよ
えお墓を継いでくれないの?
じゃなくて
孫の代にまで押しつけるのはどうかと思うの
孫たちの将来のことは誰にもわからん時間をかけてじっくり検討するといい
お墓の見学に行くか
パンフを取り寄せるわ
相談すれば憂いなし
やるな

Q 118 自分のお墓を購入する場合、いつのタイミングがベストですか？

A 生前のうち、それも若くて元気なうちがベスト。遺骨を納めるお墓がないと遺族が大変。

お墓は「自分が亡くなった後に遺族が建てるもの」と考える人もいますが、できれば自分が元気なうちに購入しましょう。自分の好きな場所を選ぶことができ、墓石やデザインにも自分の希望を反映できるからです。

そのほうが遺族の気持ちも楽になり、負担も軽くなります。ただし、購入するのが早すぎると、管理費などの負担が余計にかかってくることもあります。

遺族にお墓への思いを伝えて建ててもらうことも可能ですが、お墓の購入費用を現金などで用意しておくと、相続税の対象となります。これに対し、お墓は祭祀（さいし）財産として相続税の非課税財産となるため、生前にお墓を購入することは相続税の節税対策にもなります。

Q 119 「お墓を購入する」とはお墓の所有権を取得することですか？

A 所有権は取得できない。墓地の使用権、加えて、墓石の所有権を購入することをいう。

一般的に「お墓を購入する」ということは、所有権ではなく、お墓の敷地として使用できる「墓地使用権」を取得することを意味しています。そして、墓地使用権を取得した場所にお墓を建てれば、その墓石の所有権を取得したことになります。

墓地使用権は、法律で明文化されている権利ではありません。しかし、お墓は先祖や故人に対する宗教的礼拝の対象となるべき特殊な財産であるため、墓地使用権は原則として永久的に継続されると考えられています。

なお、墓地使用権は墓地の管理者や所有者から与えられるもので、土地そのものの所有権は管理者や所有者が持ちつづけます。

Q120 「墓地使用権」とはなんですか？この権利は永久に持続しますか？

A **墓地を使う権利。永代使用権とも呼ばれ、承継者が絶えない限り半永久的に墓地を使える。**

「墓地使用権」とは、霊園や寺院のお墓を使用する権利のことをいいます。原則として承継者がいる限り、半永久的に使用することができるため「永代使用権」とも呼ばれ、この権利を得るために支払う代金を「永代使用料」ともいいます。ただし、法律で明文化されていない、慣習的かつ特殊な権利であることも確かです。

墓地使用権を取得する（お墓を購入する）ためには、原則として墓地や霊園の管理者と契約します。この契約が成立すると、永代使用許可書（墓地使用承諾書、使用権利書ともいう）が発行されます。これは遺骨を埋葬したり、お墓の改葬や承継をしたりするときに必要になるので、大切に保管しておきましょう。

Q121 墓地使用権は「永代供養墓」「期限付き墓地使用権」の場合、どうなりますか？

A **どちらも承継者の有無を問わない。一定期間経過後に遺骨を合葬墓に移すケースが多い。**

一般的な墓地使用権は半永久的に継続しますが、少子高齢化や核家族化を背景に、祭祀を引き継ぐことを前提としないお墓の形が求められるようになっています。

まず、「永代供養墓」とは、お墓を継ぐ祭祀承継者の代わりに霊園管理者や寺院が供養してくれるお墓で、合葬墓（合祀墓）、樹木葬墓などがあります。

次に、「期限付き墓地使用権」は文字どおり、使用期限のあるお墓のこと。使用期限までは一般的なお墓となんら変わりませんが、期限を過ぎると寺院や霊園が管理する合葬墓に移されます（延長可能な契約が多い）。

つまり、どちらの契約も一定期間が経過した後は合葬墓に移されるので、無縁墓になる心配がありません。

Q122 新しく「墓地」を購入します。墓地にはどんな種類がありますか?

A 墓地の経営主体によって、公営墓地、民営墓地、寺院墓地の3つに区分される。

墓地を購入するさいには、事前に、いろいろな墓地や霊園を自分の目で確かめる「お墓見学」（Q140参照）をすることをおすすめします。そのためにも、墓地の種類を知っておくといいでしょう。

墓地は、これを管理・運営している経営主体によって次の3つに分けられます（くわしくは下の表参照）。

❶公営墓地

経営主体は都道府県や市町村などの地方自治体。管理は専門業者に委託されています。

❷民営墓地

経営主体は公益法人や宗教法人。石材店や民間企業が協力して開発・販売・管理を行う協業が多いようです。

❸寺院墓地

経営主体である寺院がお墓の管理も行っています。寺院の境内や隣接地に設けられています。

お墓の経営主体による分類

	公営墓地	民営墓地	寺院墓地
宗教の制限	○宗旨・宗派は問わない	○問われないことが多い	×原則として檀家
生前購入	△遺骨があることが前提の場合が多い	○可能	○可能
入手しやすさ	×倍率が高く応募資格に制限あり	○空いている区画があれば選べる	△地域差がある
墓石デザイン	△大きさや形に制限があることが多い	○一定の条件はあるが自由度は高い	×自由度は低い
石材店の選択	○自由に選べる	×指定業者が決まっていることが多い	△指定業者が決まっていることが比較的多い
メリット	使用料や管理料が安い 経営主体が安定	申込み条件がゆるい	手厚く供養してもらえる
デメリット	生前の申込みができない	費用的に割高。信頼性にばらつきがある	檀家としての責務が生じる

Q123 「公営墓地」とはなんですか? メリット・デメリットも教えてください。

A 自治体が経営している墓地。人気が高く抽選制であったり、厳しい制約があったりする。

「公営墓地」とは自治体が管理・運営するお墓のことで、次のようなメリットがあります。

❶経営が安定している

自治体が運営しているので、将来にわたって維持管理が継続する安心感があります。

❷利用料金が比較的安い

民営墓地や寺院墓地と比べて、永代使用料や管理費が比較的安価に設定されています。ただし、立地による差が大きいという点に注意が必要です。

❸宗旨・宗派の制限がない

宗旨・宗派を問わず、お墓を建てることが可能です。

❹石材店を自由に選べる

民営墓地や寺院墓地では石材店が指定されていることが多いのに対し、自由に選べます。ただし、公共性への配慮から、墓石の形や大きさ、デザインに一定の制限が設けられている場合もあります。

一方、次のようなデメリットもあります。

1 申込み条件の制約がある

経営主体の自治体に一定期間以上居住している住民だけが申し込める場合が多いようです。同じ自治体内にお墓を持っていない、期限内に埋葬するなどの条件が設けられている場合もあります。

2 申込み時期が限られる

公営墓地は募集時期が限られています。空き区画が出た場合に募集され、応募数が多ければ抽選となるため、何年も待たされる可能性があります。

3 生前に購入できないことが多い

遺骨がすでに手元にあることが条件となっており、生前購入ができない自治体がほとんどです。

4 1区画の面積が広い

一見メリットのようですが、広さに見合った墓石を建てると費用の総額が高額になるケースもあります。

Q124 「民営墓地」とはなんですか？メリット・デメリットも教えてください。

A 民間が経営する墓地。宗教の制約がないなど自由度は高いが、石材店を自由に選びづらい。

「民営墓地」とは民間業者が管理・運営するお墓のことで、次のようなメリットがあります。

❶設備やサービスが充実している

お墓参りに必要なものを備えた売店、休憩所、駐車場などが充実している傾向があり、法事を行えるホールの併設、専用の送迎バスがあるケースもあります。

❷申込みの制約が少ない

ほとんどが宗旨・宗派不問なので、近くに同じ宗派の寺院墓地がない人や無宗教の人に向いています。墓石の制限も少なく、個性的なお墓を建てることが可能です。

❸施設や設計に特徴を打ち出している

時代のニーズを反映させて、バリアフリー設計や美しい庭園など、お墓参りに行きやすい雰囲気を持つところが増えています。

一方、次のようなデメリットもあります。

1 利用料金が割高

施設やサービスが充実している分、公営墓地に比べて利用料が割高になる傾向があります。墓地による差も大きいので慎重な判断が必要です。

2 石材店が選べない

ほとんどの民営墓地が、利用できる石材店を限定する「指定石材店制度」を契約条件としています。自由に石材店を選べないため、希望どおりの石材やデザインのお墓を建てられない可能性があります。

3 運営主体の信頼性にばらつきがある

民営墓地の経営主体が宗教法人であっても、実質的には民間企業との協業の場合があり、その信頼性にはばらつきがあります。経営が悪化して倒産したり、墓地の経営をやめたりするケースも出ています。

4 アクセスが悪い

大規模な民営墓地は郊外に多く見られます。不便な場所だと、お墓参りの足が遠のいてしまいかねません。

Q125 「寺院墓地」とはなんですか？メリット・デメリットも教えてください。

A お寺が運営している墓地。手厚く供養してもらえる反面、檀家になることなどが条件に。

「寺院墓地」とはお寺が管理・運営するお墓のことで、次のようなメリットがあります。

❶手厚く供養してもらえる

寺院は営利を目的としないため、手厚い運営・サービスが期待できます。また、お墓は境内かその近くにあるので、本堂で法要・回向（読経）をしてもらえます。

❷法要などで便宜が図られる

法要などの連絡はお寺からもらえるので、忘れることがありません。また、葬儀や仏事に関する相談に乗ってもらうこともできます。

❸交通の便のよいところを選べる

宗旨・宗派が自分に合えば、行きやすく交通の便のいい場所のお墓を見つけられます。

❹永代供養を依頼できる

墓地の承継者がいなくなったり、思うようにお墓参りができなくなったりした場合には、永代供養をお願いすれば、末永く供養してもらうことも可能です。

寺院と檀家の関係

檀家とは「寺院（菩提寺）に所属する家」のことで、江戸幕府の寺請制度によって定められた。檀家は寺院にお布施などの経済的支援をすることで、手厚い先祖供養や墓地管理を行ってもらえる。

檀家になることが条件の場合が多い

一方、次のようなデメリットもあります。

1 宗教的な制約がある

寺院墓地を使用できるのは、原則として寺院の檀家(だんか)に限られるため、お墓を購入するさいは、その寺院の檀家になり同じ宗派に改宗しなくてはなりません。ただし近年は、宗旨・宗派不問の寺院墓地も増えています。

2 檀家としての務めが生じる

檀家になるということは、その寺院の宗派の信徒になるということであり、お寺の行事への参加、墓地の清掃などが課せられる可能性があります。また、お寺の行事や改修などの寄付金を求められることもあります。

3 墓地のデザインに自由度が少ない

近年の寺院墓地では、洋風墓やデザイン墓の設置を許可するところが増えています。しかし、旧来の型のみに限定しているところも多く、石材店が指定されているケースも少なくありません。

4 購入する機会が限られている

寺院墓地は元々の数が限られているため、墓地の空きがなかなか発生しません。また、営利目的ではないので広告を出しておらず、空き墓地が出ているかどうかの情報を得ることが難しくなっています。

Q 126 寺院墓地を購入する場合、「宗派」が違っていても問題ありませんか？

A 約款に檀信徒であることを条件にしている寺院もある。檀信徒でなくてもいいのか確認を。

現在では寺院墓地を購入することは、その寺院の檀信(だん)徒（檀家と信徒）になることがほぼ前提となっています。檀信徒になれば手厚く供養をしてもらえますが、お布施(ふせ)という経済的な負担が増え、寺院が催すさまざまな行事への参加なども求められます。

しかし、**少子高齢化の進展とともに檀信徒そのものの数が減っており、宗旨・宗派が異なっても購入を認める寺院墓地が少しずつ増えています。とはいえ、寺院墓地を選ぶなら、少なくとも「その宗旨・宗派を信仰してもよい」という気持ちは持っていたほうがいいでしょう。**

購入を考えている寺院墓地があれば、まずは問い合わせをしてみましょう。

Q127 墓地代に加え、お墓を建てるにはいくら必要ですか？

A 墓石代、工事費、永代使用料などもかかり、総額の目安は100万～350万円程度。

お墓を建てる費用（建墓費用）は、どこに、どんなお墓を建てるかによって違ってきます。具体的には、地域や墓地の種類、設計や仕様、墓石の素材やサイズなどによって費用は大きく変動します。

新しくお墓を建てる場合は、次のような費用がかかります（ただし、金額はあくまでも目安）。

❶永代使用料【40万～150万円】

墓地を使用するための「永代（えいたい）使用権」を取得するためにかかる費用。いわゆる「墓地代」のことです。実際の金額は、墓地のある場所の地価や区画の大きさなどによって決まります。

❷墓石工事費【60万～200万円】

石材店に支払う費用で、墓石代、彫刻費、施工費が含まれます。墓石代は墓石の種類・使用量などによって、彫刻費はオリジナル性の高さ・デザイン費・細工の細かさなどによって、大きく違ってきます。

実際に足を運んで確かめることが重要

❸年間管理料【5000円～2万円】

お墓の清掃や植栽、水道料金、備品の修理や交換に加え、民営墓地の場合はホールや休憩室の維持費、送迎バスなどの費用もかかります。年間管理料は墓地や霊園の全体の維持管理に充てる費用であって、個々のお墓の清掃費用や管理費ではないという点に注意が必要です。通常は、区画の大きさによって料金が設定されています。

なお、これらのほかにも3万～50万円程度の基礎工事費がかかる場合があります。一般的には基礎工事をすませていることがほとんどですが、使用者が行わなければならないケースがないわけではありません。

墓地は安い買い物ではないので、実際に墓地や霊園に足を運んで区画の大きさを確認すること。また、墓石のサンプルを確かめ、納得したうえで購入しましょう。

Q128 墓地を購入してお墓を建てるより、樹木葬墓や納骨堂のほうが安上がりですか？

A 比較的安上がりとなる。ただし、樹木葬墓や納骨堂には永代供養料などが加わることに。

樹木葬墓や納骨堂などの永代供養墓は、地域などによって異なりますが、一般的な墓地や霊園を購入する場合に比べると安上がりです。ただし、永代供養料がかかり、一定期間後に合祀されるお墓もあります。

永代供養墓には、従来のお墓に近い個人墓、ほかの人の遺骨といっしょに納められる合葬墓、都市部に多く見られる納骨堂、樹木葬墓など、さまざまなお墓があります。そのため、永代供養料を含めた費用は一概にはいえません。

購入費用は、最も安価な合祀墓で数万円から、高価な個人墓では数十万円からが目安です。そのほか、墓誌・墓碑刻字代、管理費などがかかる場合があります。

Q129 墓標となる「墓石」を選ぶときのコツはありますか？

A 「高価＝良質の石」とは限らない。自分の好みに合った石を基準に選ぶのも1つの方法。

墓石に用いられるのは主に、花崗岩、安山岩、閃緑岩、斑糲岩、凝灰岩など。国産では庵治石、大島石、浮金石、本小松石などが高級品として知られています。

しかし、**墓石用の石は国内外産合わせて200種類以上あるとされ、高価な石がよい石とは限りません。**石材店の特徴や色合い、メンテナンス性などを考慮し、**自分や故人の好みに合った素材を選びましょう。**

また、和風墓・洋風墓、デザイン墓など、墓石のデザインも、それぞれの個性、人柄、思い出などを表現する重要な要素となります。まず、形状やデザインの希望、好みの色、予算などを決め、それに適した石は何かを信頼できる石材店に相談してみるといいでしょう。

第11章

お墓編④

お墓の引っ越し「改葬」についての疑問12

▶Q130〜141◀

回答者

ことぶき法律事務所
弁護士
佐藤省吾（さとうしょうご）

改葬には今あるお墓の解体・撤去・遺骨取出しに加え、引っ越し先の新しいお墓選びが必要

まだしてないけど……
改葬では古いお墓の処分が必要になる
葬祭博士
改葬にはトラブルがつきもので最も多いのが古いお墓の管理者とのトラブルじゃ
多額の離檀料を請求されたり改葬許可申請書に判を押してくれなかったりする
離檀料？
お寺の檀家から外れるときにかかる料金で相場は3万～20万円といわれておる
相場の範囲内なら払うのが一般的じゃ
改葬許可申請書に判を押してくれなかったときは？
ま管理者の気分を害さなければそんなことはない
これまでお世話になったことへの感謝の意を込めて改葬を申し出ることが大切じゃ
そうか
ふーっ
姉さん帰りはおれもいっしょに行くよ
お寺へは私も行くわ
なんで？
電車だろ
パーン
父さんだけじゃ心配だからよ
ハハハハ

Q130 そもそも「改葬」とはなんですか？墓じまいとはどう違いますか？

A 改葬は今あるお墓の遺骨を別のお墓に引っ越しすること。墓じまいはお墓を片づけること。

「改葬」とは、現在のお墓に埋葬されている遺骨を取り出して、別の新しいお墓に移す（納骨する）ことをいいます。つまり、「お墓の引っ越し」のことです。

一方、「墓じまい」は、**お墓そのものを処分・撤去すること**です。現在のお墓に埋葬されている遺骨を取り出して墓石を撤去し、更地にしてから、お墓の管理者に永代（えいたい）使用権（お墓を代々使用する権利）を返却します。

改葬も墓じまいも、現在のお墓から遺骨を取り出し、墓石を撤去して更地に戻し、お墓の管理者に返すという手順までは同様です。異なるのは、取り出した遺骨の行き先です。

改葬の場合、遺骨は新しいお墓に納められます。一方、墓じまいの場合には、お墓から取り出した遺骨が手元に残ります。

墓じまい後の遺骨の供養（くよう）場所については、**❶納骨堂や永代供養墓などで合葬・合祀（ごうし）をしてもらう、❷樹木の根元や海に散骨する、❸手元供養する**、といった方法があります。

いずれも、墓じまいをした後ほとんどの場合、遺骨を別の場所で供養することになります。つまり、**墓じまいは「遺骨の引っ越し」ともいえるでしょう。**

お墓を改葬するさいのくわしい手順については、Q135を参考にしてください。

改葬と墓じまいの違い

改葬＝お墓の引っ越し

今のお墓から遺骨を取り出す
▼
墓石を撤去して更地に戻す
▼
遺骨を**新しいお墓**に納骨

墓じまい＝遺骨の引っ越し

今のお墓から遺骨を取り出す
▼
墓石を撤去して更地に戻す
▼
遺骨を**納骨堂**、**合葬墓・合祀墓**、**樹木葬**などに移したり、**散骨**や**手元供養**を行う

Q131 改葬・墓じまいのどちらにするか迷っています。選ぶポイントはありますか？

A 引っ越し先のお墓をどうしたいかがポイント。寺院や霊園のお墓に引っ越すなら改葬を。

厚生労働省の調査によると、2022年に行われた「改葬」の件数は、11万7772件と報告されています。その13年前の2009年における調査では7万2050件と報告されており、両者を比較すると、1年当たりの改葬の件数は、約1・6倍にまで増加しています（法律上は「墓じまい」も改葬に含まれる）。

改葬や墓じまいをする人が増えている理由は、大きく次の2つの理由が考えられています。

❶自宅とお墓の距離が離れていて、お墓参りをするのが大変なこと

❷お墓の承継者がいないこと

このうち、**改葬と墓じまいのどちらを選択するかは、承継者の有無が大きなポイントとなります。**

例えば、❶のお墓が遠距離にある場合には、自宅近くに新しくお墓を建てて、改葬する方法があります。墓じまいをして自宅の近所の納骨堂などに遺骨を移す方法もあり、どちらを選んでもお墓参りの負担が軽減します。

一方、❷のお墓の承継者がいない場合には、納骨堂や樹木葬などの永代供養墓に遺骨を移して、もとのお墓は墓じまいすることになります。

今はまだ元気で遠くのお墓まで墓参りに行っている人も、年を重ねるにつれてお墓参りができなくなるかもしれません。**子供や孫などの承継者がいない場合には、いずれ考えなくてはならない墓じまいについて、若くて元気なうちに検討・準備しておくといいでしょう。**

選ぶポイント

○ 改葬を選ぶケース

承継者はいるが、お墓が遠くてなかなかお墓参りに行けない、十分にお墓の管理ができないといった理由で、自宅近くにお墓を移したい、というケースなど。

○ 墓じまいを選ぶケース

子供や孫などのお墓の承継者がいないケースなど。高齢になって、お墓参りに行けなくなる事態に備えて、今のうちから墓じまいについて、検討・準備しておくといい。

Q132 改葬にはいくつかパターンがあると聞きました。具体的に教えてください。

A お墓のすべてを移す、遺骨のみすべて移す、遺骨の一部のみ移すなど主に4パターン。

ひと言で「改葬」といっても、遺骨や墓石の扱い方によって、さまざまな改葬の方法があります。具体的には、次の4パターンに分類できます。

❶すべての遺骨のみを新しい墓地に移す
❷すべての遺骨と墓石をまとめて新しい墓地に移す
❸複数の遺骨がいっしょに納骨されていた場合に一部の遺骨だけを新しい墓地に移す
❹分骨してそれぞれの墓地などに遺骨を移す

これらのうち、❷の「すべての遺骨と墓石をまとめて新しい墓地に移す」パターンは、実際には、ほとんど行われていません。なぜなら、移転先となる寺院や霊園の多くが墓石の大きさや形を制限しており、現在の墓石がその制限に適合せず、遺骨だけしか移動できないケースが多いからです。ほとんどの場合、墓石を新しい墓地に移すことはあきらめて、❶の「すべての遺骨のみを新しい墓地に移す」ことになります。

とはいえ、移転先の寺院・霊園の許可が得られた場合には、遺骨と墓石をまとめて移すことができます。いずれにしても、❶❷の方法で改葬を行う場合には、現在のお墓は更地にしてお墓の管理者に返却します。

もとのお墓を残す方法も検討する

先祖代々の複数の遺骨がいっしょに納骨されている場

改葬の主なタイプ

❶ すべての遺骨を移動する

移転先に新しい墓石を建てて、現在のお墓の遺骨をすべて移転する。

❷ すべての遺骨と墓石を移動する

移転先の寺院・霊園から許可を得た場合には、遺骨だけでなく墓石の移動も可能。

❸ 遺骨の一部を移動する

複数の骨壺の一部を移転させて別のお墓で供養する。現在のお墓はそのまま残る。

❹ 分骨する

故人の遺骨を2ヵ所以上に分けて供養する。通常の改葬とは別の手続きが必要。

合、③の**「一部の遺骨だけを新しい墓地に移す**（遺骨の**一部移転）」パターンを行うことがあります。**

例えば、兄弟が同じお墓に入っていて、弟の子供が新たにお墓を建てるさいに、弟（子供にとっては父）の遺骨を引き取りたいと申し出たようなケースが、「遺骨の一部移転」に当たります。このような場合は、現在のお墓はそのままにして弟の遺骨だけを取り出し、新しく建てたお墓に弟の遺骨を納めることになります。

④の「分骨」は、故人の遺骨をいくつかに分け、2ヵ所以上の場所で別々に供養するパターンです。分骨した遺骨は、自宅の仏壇に置いて「手元供養」するケースが多く、最近では、手元供養用のコンパクトでデザイン性に富んだ骨壺も多く用意されています。中にはペンダントなどに加工して身につける人もいます。

お墓参りが大変という理由で改葬を考えているなら、④の分骨を行えば、今あるお墓をそのまま残すことも可能になります。お墓の承継者さえいれば、今あるお墓を取り壊す必要がないからです。

改葬は手間も費用もかかり、親族などからの反対も少なくありません。十分に検討してください。

Q133 改葬にはどれくらいの費用がかかりますか？

A 改葬のパターンなどで異なる。今あるお墓の費用、引っ越し先のお墓の費用などが必要に。

改葬では、さまざまな費用が発生します（金額は次ページの表参照）。**改葬費用は、次の3つに分けられます。**

①今のお墓にかかる費用
②引っ越し先の新しいお墓にかかる費用
③その他の費用

①の費用の主な内訳は、遺骨の取出し作業費、お墓の解体・撤去費、撤去した石碑や骨壺の運搬費などです。墓地の立地や規模、新しいお墓までの移動距離によっても費用はだいぶ違ってきます。

②の費用は、引っ越し先をどんなお墓にするかによって大幅に異なります。承継できる家墓や両家墓の場合は費用がかなり高くなりますが、納骨堂や樹木葬墓などの

永代供養墓にすると、それよりは費用が安くなります。

住職の読経へのお布施や、書類代もかかる

❸の「その他の費用」として、今あるお墓に宿る魂を抜くための儀式「閉眼供養」（「魂抜き」「お性根抜き」）での「お布施」が必要です。お布施は、一般的に5万～20万円といわれています。

また、寺院墓地を持つ人が檀家をやめるさいは、菩提寺の住職などに「離檀料」を包むことがあります。離壇料は、通常のお布施の2～3倍が相場とされています（5万～30万円程度）。閉眼供養へのお布施を離壇料とすることもあります。

引っ越し先の新しいお墓では、今度は「開眼供養」（「魂入れ」「お性根入れ」）を行います。読経をしてもらった場合にはお布施を支払い、遺骨を納めてくれた石材店には作業料を支払います。

改葬するさいは、移転先や今の寺院や霊園、市区町村役場で書類をもらい、改葬の許可を得る必要があります（くわしい手順はQ135参照）。これらの必要書類については、無料のものもあれば、1000円程度かかるものもあります。さらに、それぞれの寺院や霊園、市区町村役場に出向く交通費がかかります。

改葬の費用の概算

❶今のお墓にかかる費用		●遺骨の取り出し費用（遺骨1柱当たり） 1万～3万円 ●お墓の撤去費用（1平方メートル当たり） 10万～15万円 ●遺骨の運搬費用 輸送業者：100kg当たり15万～20万円 （ゆうパックなら1,000～3,000円程度）
❷引っ越し先の新しいお墓にかかる費用	承継可	●一般的な家墓 100万～350万円 ●両家墓 100万～400万円
	永代供養	●納骨堂・室内墓所 15万～150万円 ●永代供養墓（合葬墓・合祀墓） 10万円～ ●樹木葬墓 20万～100万円
❸その他の費用		●今あるお墓の閉眼供養・離壇料 寺院による（5万～20万円） ●引っ越し先の新しいお墓で開眼供養・納骨式（お布施・納骨作業費） 寺院・霊園による（5万～10万円程度） ●改葬の手続き書類の費用 実費（0～数千円） ●寺院・霊園や市区町村役場に出向いて手続きをするための交通費 実費（数千円～数万円）

Q134 改葬する場合、事前に家族や親族の了承を得ておくべきですか？

A 家墓の場合、了承を得ておくことが必要。勝手に進めるとトラブルの原因になりやすい。

改葬では、引っ越し先の新しいお墓探しを始める前に、家族をはじめ、自分の兄弟姉妹、親戚などと十分に話し合い、了承を得ることが大切です。

兄弟姉妹や親戚にとって、今あるお墓は、先祖代々の遺骨が眠る心のよりどころになっていることがあります。お墓がなくなってしまうことや、今まで先祖を大切に供養してくれていた菩提寺の住職との付き合いを断つことに抵抗を感じる人がいるかもしれません。兄弟姉妹にとっても、お墓に眠るのは、両親や祖父母などの血縁者であることを忘れないでください。

改葬の理由とともに、移すのは全部の遺骨なのか、一部の遺骨なのかを説明し、一部を取り出す場合には、誰の遺骨であるのかをきちんと説明しましょう。中には「分骨するなら、残った先祖代々のお墓は私が継いでもいい」と主張する人が現れるかもしれません。

また、引っ越し先のお墓での埋葬・供養の方法についても、よく話し合っておく必要があります。

新しくお墓を建てるのか、お墓を建てずに納骨堂や樹木葬墓などの永代供養墓に入れて合祀するのか、合祀するなら一定期間はお参りができるのか、といった引っ越し先のお墓の形態などについても説明しておきましょう。できる限りていねいに説明することが、兄弟姉妹や親戚とのトラブルを防ぐためのポイントです。

話し合いのポイント

○改葬の理由

承継者がいない、遠くてなかなかお参りできない、住まいの近くで手厚く供養したいなど、理由を明確に説明する。

○誰の遺骨を移すか

遺骨のすべてなのか、誰か特定の遺骨なのかによって、親戚の了承を得られることがある。

○引っ越し先のお墓のタイプ

新しくお墓を建てるのか、お墓を建てずに納骨堂や樹木葬墓などの永代供養墓に入れて合祀するのか、合祀する場合でも、一定期間はお参りができるのか、といった引っ越し先のお墓の形態などについて説明する。

Q135 改葬の手続きはどんな流れで行いますか?

A 今あるお墓と引っ越し先のお墓の手続きを同時に進める。まずは改葬許可申請書の入手を。

お墓や埋葬のルールについては「墓地、埋葬等に関する法律」(墓地埋葬法)で定められています。改葬を行う場合は、この法律に従って手続きを進める必要があります。以下、改葬の具体的な手続きについて、順を追って説明します。

❶現在のお墓がある役所で「改葬許可申請書」を入手する

現在お墓がある市区町村役場へ行き、改葬許可申請書を入手します(埋葬されている遺骨1柱につき1枚必要)。それに記名・押印をしておきます。

❷改葬先の墓地を購入し、「受入証明書」を受け取る

墓石店などに相談し、移転先の候補地をいくつか見学し、納得したところで購入します。新しい墓地からは、受入証明書(墓地使用許可証)が発行されます。

❸現在のお墓の管理者から「埋蔵証明書」を受け取る

現在のお墓がある寺院や霊園の管理者から改葬の許可を得たら、埋蔵証明書に記名・押印をしてもらい、これを受け取ります。あらかじめお墓の管理者に改葬の理由を説明していれば、もめることなく手続きがスムーズに進むはずです。自治体によっては、❶の改葬許可申請書の所定欄にお墓の管理者が記名・押印し、これを埋蔵証明書として扱う場合もあります。

❹現在のお墓がある役所で「改葬許可証」の交付を受ける

現在のお墓がある市区町村役場に、❷の受入証明書と、必要事項を記入した❶の改葬許可申請書、❸の埋蔵証明書を提出します。書類に不備がなければ、改葬許可証が交付されます。

❺遺骨の取出しと閉眼供養

現在のお墓の管理者に改葬許可証を提示し、お墓に納められている遺骨を取り出します。遺骨を取り出す前に菩提寺(ぼだいじ)の住職などにお願いして、墓前でお経を読んでもらう「閉眼供養」（「魂抜き」「お性根抜き」）という儀式を行うのが一般的です。儀式がすんだら、石材店に遺骨を取り出してもらい、墓石などを解体・撤去してもらったうえで、更地にしてお墓の管理者に返却します。

手順は多いが、手続きは複雑ではない

ちなみに、取り出した遺骨を新しいお墓に移転させず、手元供養など別の形で供養する場合には「墓じまい」となり（Q１４２参照）、手順もここで終了となります。

❻新しいお墓への納骨と開眼供養

新しい寺院や霊園の管理者に❹の改葬許可証を提出し、新しいお墓に納骨します。そのさい、お寺の住職に墓前で読経してもらう「開眼供養」（「魂入れ」「お性根入れ」）を行います。これで、改葬は終了します。

必要な書類の数は多いものの、手続き自体はさほど複雑ではありません。１つひとつの書類の入手と申請をていねいに行ってください。

改葬の主な手続きの流れ

❶「改葬許可申請書」の入手

現在のお墓がある市区町村役場で改葬許可申請書を入手する。

❷「受入証明書」の受取り

新しい墓地を用意し、移転先の墓地管理者に受入証明書（墓地使用許可証、永代使用許可証などともいう）を発行してもらう。

❸「埋蔵証明書」への記名・押印

現在のお墓の管理者の理解を得たうえで、埋蔵証明書に記名・押印をもらう。自治体によっては、❶の改葬許可申請書の所定欄にお墓の管理者が記名・押印したものを、埋蔵証明書として扱う場合もある。

❹「改葬許可証」の交付

現在のお墓がある市区町村役場に、❷の受入証明書、必要事項を記入した❶の改葬許可申請書、❸の記名・押印した埋蔵証明書を提出し、改葬許可証を交付してもらう。

❺遺骨の取出しと閉眼供養

現在のお墓の管理者に改葬許可証を提示し、遺骨を取り出す。遺骨を取り出す前には、「閉眼供養」を行うのが一般的。その後、石材店に遺骨をお墓から取り出してもらう。墓石などを解体・撤去し、更地にしてお墓の管理者に返却する。

すべての遺骨を取り出し、別のお墓に移さない場合には「墓じまい」となる。

❻新しいお墓への納骨と開眼供養

新しいお墓の管理者に改葬許可証を提出し、以前のお墓から取り出した遺骨を納骨する。そのさいには「開眼供養」を行う。

Q136 今あるお墓の管理者には改葬をどう切り出すといいですか？

A トラブルを招きやすいので、早めに相談して事情をていねいに説明することが大切。

お墓を改葬するさいは、今あるお墓の管理者から「改葬許可申請書」や「埋葬証明書」などの書類を受け取る必要があります（Q135参照）。

寺院墓地のお墓を改葬することは、「檀家（だんか）をやめる」ということにほかなりません。寺の住職にとっては、長い間の付き合いが切れ、収入が減ることになります。理由も告げず、いきなり「改葬するので埋葬証明書をください」と切り出せば、快く思われず、なかなか書類を受け取れないこともあるようです。

お墓の管理者に改葬の話を切り出すときは、改葬の理由をていねいに説明し、今までの供養（くよう）への感謝の気持ちを伝えてから、この話を切り出すといいでしょう。

Q137 お墓の管理者から「離檀料」を求められた場合、拒むことはできますか？

A 最も多いのが離檀料をめぐるトラブル。檀家規定などで定めがなければ払う必要はない。

寺院墓地の場合、改葬のさいには、これまでお世話になった感謝の気持ちとして、「離檀料（りだんりょう）」を払うケースが多く見られます。

離檀料の相場は、ふつうの法要などで渡すお布施（ふせ）の2～3倍程度が相場といわれており、5万～30万円程度です。**離檀料は、あくまでも檀家をやめるさいの風習であって、法律で定められているわけではありませんが、相場の範囲なら払うべきでしょう。**

ただし、100万円、200万円といった常識外の金額を要求された場合、払わなくても法的には問題ありません。話し合いがもつれたときには、墓地のある自治体の窓口や消費者センターに相談するといいでしょう。

Q138 今あるお墓の解体・撤去、遺骨の取出し・運搬はどう行いますか？

A 相応の費用はかかるが、石材店に依頼するのが安全。遺骨はゆうパックでも送れる。

市区町村役場から改葬許可証（Q135参照）が発行されたら、今あるお墓の管理者や石材店に連絡して、遺骨を取り出す日時を調整します。

墓石は非常に重く、自分たちで墓石を動かして、納骨室から遺骨を取り出すのは大変です。費用はかかりますが、石材店に依頼して、遺骨を取り出してもらうのがいいでしょう。

遺骨の取出しは、1柱当たり1万〜3万円程度の費用がかかります。この費用には作業費だけでなく、出張費が含まれます。そのため、複数の遺骨を取り出す場合には、費用が2倍や3倍になるわけではなく、基本料金に、「数千円×取り出す遺骨数」を上乗せするケースが多いようです。石材店について当てがない場合は、寺院や霊園に紹介してもらうといいでしょう。

改葬では、お墓は更地にして墓地の管理者に返還するのがルールです。この工事費用は、お墓の解体・撤去も石材店に依頼します。お墓の立地にもよりますが、1平方メートル当たり10万〜15万円程度とされています。

取り出した遺骨は、引っ越し先のお墓に運びます。新しいお墓が完成していない場合は、自宅の仏壇（ぶつだん）などで保管します。自宅に保管できなければ、納骨堂の一時預かりを利用するといいでしょう。

なお、遺骨は、郵便局で扱っている「ゆうパック」で送ることも可能です。遺骨は、骨壺（こつつぼ）のフタが外れないようにビニールテープなどで留めて、クッション材で梱包し、段ボール箱に入れて送ります。長期間お墓の中にあった骨壺には、水がたまっていることがあります。事前に骨壺を確認し、水がたまっている場合は水を切り、ビニール袋に入れて送るといいでしょう。

Q139 引っ越し先のお墓を探すためのポイントはなんですか？

A まずはお墓のタイプを決め、予算、墓地、宗教などで絞り込む。次に、お墓見学をする。

寺院や霊園を見学する前に、どんなお墓にするかをある程度決めておくと、お墓を絞り込みやすくなります。

お墓の承継者がいることが前提となる「家墓（いえはか）」（承継タイプ・Q92参照）か、承継者が不要な「永代供養（えいたいくよう）タイプ」（納骨堂や樹木葬墓など・Q96、Q97参照）かを決めます。改葬を行う理由が、「子供にお墓参りの負担をかけたくない」「お墓の承継者がいない」であれば、承継者が不要な永代供養墓を選びます。

お墓を承継できるのは、配偶者や長男とは限りません。民法では、次男や長女、親族、友人・知人でも承継可能です。候補を広げて考えれば承継者がいるという場合は、一般的な家墓を選んでもいいでしょう。ただし、寺院や霊園の規則で、血縁者に限られる場合もあるので、事前に確認しておきます。

納骨堂や樹木葬墓などの永代供養墓を選ぶ場合には、ほかの人の遺骨といっしょに埋葬（合祀（ごうし））されるまでの期間も考えておきましょう。永代供養墓には、一定期間は個別で供養し、期間終了後に合祀されるタイプと、最初から合祀されるタイプがあります。

そして、新しいお墓を購入する予算や、民営墓地か公営墓地か、宗教はどうするのかなども考えておくことが大切です。それから具体的なお墓探しに入るといいでしょう。

お墓探しのポイント

○ 承継者の要・不要

承継者が必要なタイプ（家墓など）か、承継者が不要なタイプか（永代供養墓など）。

○ お墓の形式

一般的な家墓か、納骨堂や樹木葬墓などの永代供養墓か。合祀までの期間はどうか。

○ 新しいお墓の購入予算

新しいお墓の購入費用にいくらくらいかけるのか。

○ 経営母体

お墓の経営母体は、民営か、公営か。

○ 宗教

宗教を問うか、「宗派・宗旨不問」か。

Q140 お墓見学のさい、どんな点をチェックしたらいいですか？

A 立地条件、宗教・宗派、施設・設備、規定、お墓の制限、経営主体などをチェックする。

「お墓見学」をするさいには、あらかじめチェックするポイントをメモするなどして持参するといいでしょう。

確認する項目は、以下のとおりです。

❶交通の便・立地

交通の便が悪いと、お墓への足も遠のきがちになります。車で行く場合と、電車やバスなどの公共交通機関を利用する場合のアクセスのしやすさを確認しましょう。

駐車場や寺院の入り口から歩く距離も確認します。坂道や階段が多いと、高齢になったときにお参りがつらくなることも考えられます。さらに、景色や水はけのよさにもこだわりましょう。

❷宗旨・宗派

寺院墓地の場合、お墓を利用するには檀家（だんか）になることが条件となっていることがほとんどです。宗旨・宗派が合わないと、改宗が必要なことにもなりかねません。公

お墓見学のチェックリスト

	項目	チェック内容
□	交通の便・立地	●車や電車で○時間○分で行けるか？ ●駐車場や寺院の入り口から歩く距離は？ ●坂道や階段、景観、水はけはどうか？
□	宗旨・宗派の条件	●墓地や霊園の宗旨・宗派は？ ●自分の宗旨・宗派と合っているか？
□	施設・設備	●法要を行う施設はあるか？ ●水桶などの参拝道具は用意されているか？
□	墓地の規定	●承継者の条件やお参りのルールなどはあるか？
□	お墓の制限	●お墓の形状やデザインに制限はあるか？
□	経営主体	●経営主体はどこか？ ●安心できるところか？
□	管理体制	●施設は清潔に保たれているか？ ●スタッフのあいさつなどの対応はどうか？

※確認したら□に✓をつける

営や民営の霊園であっても、宗旨・宗派について確認しておきましょう。

③施設・設備

公営や民営の霊園の場合には、法要を行う施設があるかを確認しておきましょう。水桶（みずおけ）やひしゃくなどの参拝道具が用意されていること、歩道などがバリアフリーになっていることなども確認ポイントです。

お墓の経営主体や管理体制もチェック

④経営主体

ここ最近は、数多くの墓地や納骨堂が経営破たんしています。経営主体は安心できるところかどうか、寺院や霊園のホームページなどで確認しておきましょう。少なくとも、自治体が付与した墓地としての許可番号があることは確認しなくてはなりません。参拝に訪れている人たちに、評判を聞いてみるのもいいでしょう。

⑤管理体制

施設は掃除が行き届いているか、スタッフはあいさつをしてくれるか、いきいきと働いているかなどをチェックして、管理体制を確認しましょう。

Q141 寺院・霊園によっては「指定石材店」でしか墓石を買えないとは本当ですか？

A 多くの寺院・霊園が指定石材店制度を採用している。指定石材店がいやなら契約しない。

多くの民営墓地では、「指定石材店制度」といって、墓石を購入したり建立の工事を行う場合には、**決められた石材店でしか行えないという決まりを設けています。**寺院墓地でも、石材店を指定しているところは少なくありません。

指定石材店制度を採用している寺院や霊園の場合、知人の石材店から購入できなかったり、複数の石材店から相見積りを取ったりすることができません。

墓石の形や素材、デザインなどにこだわりがある場合には、お墓見学の前にあらかじめ問い合わせておくか、公営墓地を選びましょう。公営墓地であれば、自由に石材店を選ぶことができます。

第12章

お墓編❺

お墓の片づけ「墓じまい」についての疑問9

▶Q142～150◀

回答者

東池袋法律事務所
弁護士
根本達矢（ねもとたつや）

合葬墓・手元供養・本山納骨など遺骨の安置場所を決めたうえで墓じまいを！

猪貝敬之（享年69歳）
猪貝真紀子（妻・79歳）
今日集まってもらったのはうちのお墓のことなの
お父さんが亡くなってもう10年お前たちもそれぞれの家庭があるでしょ
長瀬紀子（敬之の長女）
向井京子（次女）
熊井律子（三女）
長瀬和夫（紀子の夫）

それで墓じまいを考えてるの
それってお墓を畳んでしまうこと？
父さんの遺骨はどうするの？
母さんだって入るお墓がないじゃない

父さんの遺骨は仏壇に納めようと思ってるの
自宅の仏壇などで遺骨を供養する手元供養じゃな
手元供養なら管理料がいらないでしょ
墓じまいで墓石の解体・撤去など多額の費用がかかるしね
せめて遺骨は合葬墓に納めてほしいわ
お墓参りもしたいしね
だけど…
お金は3人で出し合えばなんとかなるわ
うちも大丈夫
うちも
いいわよねあなた
は…はい
悪いねぇ
じゃあこれ見て！合葬墓のパンフ
用意してあるのね
樹木葬墓って素敵じゃない？
樹木葬墓には合葬墓のほかに個別墓もある
他人の遺骨とは別々に供養してほしい場合は個別墓を選ぶといい
私は合葬墓でいいわ
なら本山納骨という形もある
宗派に関係なく受け入れるところもあるから選択肢の1つになるじゃろう

Q142 そもそも「墓じまい」とはなんですか？新しいお墓を持たないことはできますか？

A 今あるお墓を片づけること。手元供養などをするのであれば新しいお墓を持つ必要はない。

「墓じまい」とは、お墓そのものを解体・撤去して片づけてしまうことをいいます。

墓じまいを行うには、現在のお墓に埋葬されている遺骨を取り出して墓石などを解体・撤去し、更地にしてから永代使用権（お墓を代々使用する権利）とともにお墓の管理者に返却します。ところが、墓じまいの後、手元にはお墓から取り出した遺骨が残ります。**日本では、お墓や埋葬のルールについて「墓地、埋葬等に関する法律」（墓地埋葬法）で定められており、お墓から取り出した遺骨を勝手に処分することはできません。**墓じまいで取り出した遺骨も、きちんと供養する必要があります。墓じまいによる遺骨の供養の方法には、主に次の3つがあります。

❶納骨堂などの永代供養タイプのお墓で合葬・合祀してもらう（Q94・97・98参照）

❷樹木の根元や海に散骨する（Q96・100参照）

❸手元供養する（Q101参照）

ちなみに、墓じまいとよく比較される方法としては、「改葬」があります（Q130参照）。改葬とは、現在のお墓に埋葬されている遺骨を取り出して、別の新しいお墓に移す（納骨する）ことをいいます。改葬が「お墓の引っ越し」だとすると、墓じまいは「遺骨の引っ越し」といえるでしょう。

墓じまいの主な方法

❶ 合葬・合祀

納骨堂などの永代供養墓で一定期間、個別に供養（合葬）してもらってから、ほかの人の遺骨とともに埋葬（合祀）する方法や、最初から合祀してもらう方法がある。

❷ 散骨

遺骨のすべて、またはその一部を細かく砕いて自然に還す方法。よく知られる「海洋散骨」と樹木の根元などに散骨する「樹木葬」がある。

❸ 手元供養

遺骨を骨壺に入れて自宅などの身近な場所で保管したり、アクセサリーなどに加工したりして供養する。

Q143 墓じまいをする費用はいくら必要ですか？

A 改葬に比べると安い。今あるお墓の撤去費、遺骨の取出し費など20万～60万円程度。

墓じまいにかかる費用は、主に次の2つがあります。

❶石材店に支払う費用

遺骨の取出し費用は1柱当たり1万～3万円程度、お墓の撤去費用は1平方メートル当たり10万～15万円程度です。

❷お布施・離檀料

今のお墓に宿る魂を抜くための儀式「閉眼供養」（「魂抜き」「お性根抜き」）で読経してもらうさいには、お布施が必要です。また、寺院墓地を持つ人が檀家をやめるさいに菩提寺の住職などに「離檀料」を包むことがあります。離檀料は、通常のお布施の2～3倍程度が相場とされ、5万～30万円程度です。閉眼供養でのお布施を離檀料とすることもあります。

Q144 墓じまいの費用が工面できません。墓じまいしないですむ方法はありますか？

A お墓の承継者さえいれば無理に墓じまいする必要はない。分骨という方法で解決することも。

民法では、お墓の承継者を長男や配偶者に限っているわけではありません。次男や長女、親族のほか、法律上は友人・知人でも承継することが可能です。先祖代々のお墓が遠隔地にあることで墓じまいを考えているのであれば、無理に墓じまいをせずに、お墓の近くに住む親戚など、承継者の範囲を広げて考えてみてはいかがでしょうか（寺院によっては血縁者に限る場合もある）。

承継者がいる場合には、遺骨の一部を取り出す「分骨」ですむ場合もあります。先祖代々の遺骨の供養はお墓の承継者に任せて、両親の遺骨など、自分に縁の深い遺骨だけを取り出して手元供養するといった方法もあるので、検討してみてください。

Q145 墓じまい後、遺骨を納める合葬墓を探すポイントはなんですか？

A 墓じまいは多くの場合、合葬墓の購入が必要になる。ニーズに合ったタイプを選ぶといい。

「合葬墓」とは、墓じまいの後、他人の骨壺といっしょに供養（合葬）するお墓です（Q95参照）。 合葬墓には、寺院や霊園によって、一定期間が過ぎた後で骨壺から遺骨を取り出してほかの遺骨とともに埋葬（合祀）するタイプと、最初から合祀するタイプがあります。

合葬墓を選ぶさいには、実際に寺院や霊園を訪れて、自分の目で確かめることが大切です。確認する項目は、お墓見学をする場合（Q140参照）とほぼ同様です。

特に、一定期間、個別に供養する場合には、交通の便や立地、法要を行う設備が重要です。参拝道具（水桶やひしゃくなど）の有無、さらに、遺骨とともに納めることができるものなど、お墓に関する規則も確かめておきます。経営主体や管理体制がしっかりしているかも知っておきたい項目です。ちなみに、合葬墓で永代供養をする場合には、基本的に宗派は問われません。

ほかにも、次のような合葬墓ならではのお墓選びのポイントがあります。

❶埋葬の方法

最初からほかの人の遺骨とともに合祀されるのか、専用の納骨スペースがあって個別に供養されるのか、個別供養の場合その期間は、など。

❷お墓の形態

屋外の合葬墓か、室内型（納骨堂など）の合葬墓か、樹木葬の合葬墓か、本山納骨か、など。

❸供養の形・頻度

合同供養式を行うのは毎月か、彼岸やお盆のときか、年1回か、どの程度の手厚い供養を望むのか、など。

これら3点を踏まえながら、予算の範囲内で合葬墓を選びましょう。

室内型の合葬墓

Q146 合葬墓の場合、「遺骨を納めると二度と取り出せない」とは本当ですか？

A 本当。ただし、一定期間は遺骨を個別スペースに仮置きし、返還に応じているところも多い。

合葬墓に遺骨を納め、ほかの人の遺骨といっしょに埋葬（合祀）した場合には、他人の遺骨と混ざってしまうため、より分けて取り出すことはできません。中には、「やっぱり、しばらくの間だけも個別に供養すればよかった」と、後悔する人もいるようです。

そのため、合葬墓でも、一定期間は遺骨を個別に保管する寺院・霊園も増えています。合葬墓を選ぶ場合には、どれくらいたつと遺骨が合祀されるか、事前に確認しておきましょう。

「合祀すると後悔する」と思われる場合には、納骨堂など、一定期間は個別に供養してくれるタイプの合葬墓を選ぶといいでしょう。

Q147 各宗派の統括寺院の「本山納骨」とはなんですか？誰でも納骨できますか？

A 古くからある納骨法。信者である・なしにかかわらず遺骨を受け入れているところもある。

「本山納骨」の「本山」は「ほんざん」「ほんやま」と読み、仏教の各宗派を統括する特別な寺院のことです。位置づけによって、総本山、大本山、別格本山、本山などと呼ばれます。

本山納骨とは、これらの本山に遺骨を納めることをいいます。かつてはお墓を建てるお金のない信徒や、行き倒れた人たちを救うための社会的な救済事業の1つとして行われていました。本山納骨は、東日本ではあまりなじみがありませんが、西日本では古くから行われています。分骨して遺骨の一部を納めるのが一般的ですが、すべての遺骨を納める「全骨納骨」や、信者でない人の遺骨を受け入れている本山もあります。

Q148
本山納骨を行っている寺院を教えてください。確認すべきことはありますか？

A **真言宗・天台宗・浄土宗・浄土真宗などの本山。信徒となる必要があるかなどの確認を。**

本山納骨は、古くから行われている供養（くよう）の方法で、自分の家で信仰する宗派の本山に遺骨を分骨して納めます（本山納骨を行う寺院は左の表参照）。

本山納骨は、ほとんどが、ほかの人の遺骨といっしょに埋葬する「合祀型（ごうしがた）」となっています。永代供養墓（えいたいくようぼ）の合祀墓と共通する部分が多くあり、一度納骨すると遺骨を返してもらうことはできません。遺骨の全部を納める「全骨納骨」を行う場合には、十分に検討してください。

もともと本山納骨は社会的な救済事業の1つとして行われてきたため、一般のお墓よりも費用がかなり抑えられています。納骨にかかる費用は数万円程度（一部納骨の場合）のところが多く、年間管理料やお布施（ふせ）、戒名料（かいみょうりょう）などを不要とする寺院もあります。

また、信徒であるなしにかかわらず、遺骨を引き受けている寺院や、全骨納骨や納骨の生前予約が可能な寺院も見られます。

ただし、全骨納骨を行うと費用が高額になる寺院もあります。**上の「本山納骨の確認事項」をチェックして、分骨のみか、信徒となることが条件か、納骨時の費用や納骨後に費用はかかるか、などの項目を確認しましょう。**

本山納骨できる主な寺院

- **真言宗**総本山 金剛峯寺（和歌山県）
- **天台宗**総本山 比叡山延暦寺（滋賀県）
- **浄土宗**総本山 知恩院（京都府）
- **浄土真宗大谷派**本山 東本願寺（京都府）
- **浄土真宗本願寺派**本山 西本願寺（京都府）
- **日蓮宗**総本山 久遠寺（山梨県）
- **曹洞宗**大本山 永平寺（福井県）
- **臨済宗妙心寺派**大本山 妙心寺（京都府） など

本山納骨の確認事項

- □ 納骨は分骨のみか、全骨納骨が可能か
- □ 信徒となることが条件か
- □ 納骨のために必要な手続きと費用はどうか
- □ 納骨後に費用がかかるか
- □ 供養の頻度や参拝のルールはどうか

※確認したら□に✓をつける

Q149 手元供養や散骨を行うさいの手続きはどう行いますか？

A 引っ越し先のお墓がないため、埋葬許可証が出ない自治体もあることを考えて手続きを。

改葬や墓じまいなどで、お墓から遺骨を取り出すときは、移転先の墓地管理者から「受入証明書」（墓地使用許可証、永代使用許可証などともいう）を発行してもらい、お墓がある市区町村役場に「改葬許可申請書」を提出して、「改葬許可証」を交付してもらう必要があります（Q135参照）。

しかし、墓じまいで「散骨」や「手元供養」を行う場合には、移転先がないので、受入証明書を入手できません。**市区町村役場によっては、受入証明書がなく、遺骨受入先を「散骨」や「未定」とした場合、改葬許可証を交付してもらえないことがあります。**というのも、法律上、散骨は「改葬」の定義に該当しないため、改葬許可証を交付できないとする役場もあるのです。

散骨も手元供養も、違法ではない

1948年に「墓地、埋葬等に関する法律」（墓地埋葬法）が制定された背景には、土葬により伝染病が広がることを危惧し、火葬を推奨するためのものでした。

ところが、散骨を行う人が増えたため、法務省は、散骨について非公式ながら、「節度を持って行われる限り問題ない」という見解を発表しました。俳優の故石原裕次郎氏の遺族が、この発表を受けて海洋散骨を行った

散骨・手元供養の種類

○一部を散骨、残りはお墓に

遺骨の一部を散骨し、残りは一般的な家墓や納骨堂、永代供養墓などに納める。

○一部を散骨、残りは手元供養

遺骨の一部を散骨し、残りは手元供養をして、自宅などで遺骨を保管する。

○一部を手元供養、残りはお墓に

遺骨の一部を手元供養し、残りは一般的な家墓や納骨堂、永代供養墓などに納める。

ことから、広く一般にも散骨が知られるようになったといわれています（Q100参照）。

また、厚生省（現在の厚生労働省）でも「散骨は墓地埋葬法の対象外」という公式の見解を1998年に発表しています。しかし、いずれの省庁も、通知文書を出すなどの動きをしたわけではないため、市区町村役場によって、散骨についての対応が異なるのです。こうしたことから、遺骨のすべてを散骨せず、一部を手元供養や納骨堂、永代供養墓に納骨するのがおすすめです。

手元供養については、墓地埋葬法では「定められた墓地以外に埋葬してはならない」とありますが、仏壇などに骨壺を置くなどして、手元で遺骨を保管しておく分には法律違反になりません。

まずは、市区町村役場に散骨や手元供養を希望していることを相談してみてください。また、お墓の撤去工事を依頼する石材店も地域の手続きに精通していることが多いので、相談してみるのもいいでしょう。

墓じまい後に遺骨を手元供養する場合は、いつかお墓に納骨するときに備えて、役場から交付された改葬許可証を大切に保管しておきましょう。

Q150 便利な「墓じまいパック」「代行サービス」とはどんなものですか？

A 作業時間や墓石などから基本料金を設定し、基準を超えると追加料金がかかるシステム。

「墓じまいパック」とは、2011年に関西の霊園・墓石販売の業者が始めたサービスのことで、お墓の片づけと永代供養墓がセットになっています。

具体的には、遺骨の取出しから墓石の解体・撤去工事、更地にして墓地に返す整地に加え、取り出した遺骨を引っ越し先までに移動させる費用を一括してパックにしています。納骨堂や永代供養墓に引っ越す場合は、納骨や永代供養料、僧侶へのお布施などを含んだ料金で算出されます。

墓じまいパックの料金は、今あるお墓から引っ越し先のお墓までの距離・作業時間・墓石の大きさなどから基本料金を設定します。これに、基準より距離が遠い、今あるお墓の墓石が大きい、墓石の数が多いといった場合に追加料金がかかるシステムとなっています。

従来、墓じまいや改葬では、それぞれの料金を個別に割り出し、最後に合計するため、いくらかかるかわかりにくいのが難点とされていました。それを、墓じまいパックでは、「基本料金＋追加料金」という明快な料金体系にした点が画期的とされました。

この業者の後を追うように、最近は、墓じまいや改葬をパック料金で請け負う石材店や霊園が年々増加しています。

代行する費用が上乗せされる

最近は、墓じまいや改葬の「代行サービス」を請け負う業者も増えてきました。霊園や石材店だけでなく、流通大手のイオンをはじめ異業種からの参入も相次いでいます。

墓じまいパックとの大きな違いは、代行サービスの場合、お墓の片づけと引っ越し先のお墓探しだけでなく、市区町村役場への手続きを代行してくれる点です。

忙しい人にとっては大変助かるサービスです。ただし、代行サービスの費用は、本来の墓じまいや改葬でかかる費用に代行料がプラスされています。代行料の相場は、左の表の○印の部分を全部代行してもらった場合で、15万～30万円程度。これに墓じまいや改葬の実費がかかります。

なお、親戚(しんせき)やお墓の管理者へ墓じまいや改葬について説明・説得してもらうことも可能ですが、代行ではかえって話がこじれることも考えられるので、自分で説明するほうがいいでしょう。

代行サービでできること

項目	内容	可否
関係者の理解	・親戚の説得	×
	・お墓の管理者の説得	△
引っ越し先のお墓候補の提案		○
市区町村役場への手続き		○
遺骨の取出し	・お墓の解体・撤去	○
	・閉眼供養	○
	・遺骨の移送・保管	○
引っ越し先のお墓への納骨（納骨堂・永代供養墓など）		○

※表の△×は自分で行うのが無難

解説者紹介

掲載順

ことぶき法律事務所
弁護士

佐藤省吾（さとうしょうご）

ことぶき法律事務所所属（弁護士）第二東京弁護士会登録。中央大学法学部法律学科卒，慶応義塾大学法科大学院修了。第二東京弁護士会「高齢者・障がい者総合支援センター；ゆとりーな」相談担当、法テラス東京相談担当などで遺産相続、遺言、成年後見制度等の法律相談を担当するほか成年後見人等としても活動。その他、第二東京弁護士会子どもの権利に関する委員会委員。著書は『身近な人の死後の手続き 相続のプロが教える最善の進め方Ｑ＆Ａ大全』（共著・文響社）、『弁護士が教える 身近な人の死後の手続きノート』（監修・文響社）、『どう使う どう活かす いじめ防止対策推進法』（共著・第二東京弁護士会子どもの権利に関する委員会編）、など多数。

東池袋法律事務所
弁護士

根本達矢（ねもとたつや）

弁護士（2015年登録、東京弁護士会）。2020年２月より東池袋法律事務所（現職）。学生時代に家族が法的トラブルに巻き込まれたさい、周辺に弁護士がいなかったために弁護士への相談がなされなかったことに問題意識を持ち、弁護士としてその問題に取り組むことを決意。実際に、国の設立した支援機関「法テラス」の常勤弁護士として司法過疎地に赴任し、司法アクセスの改善に取り組んできた。現在は地域に密着し、必ずしも強い立場にない依頼者の相続紛争に対応し、相続に関わる多方面の関連機関と連携して数多くの問題を解決。紛争を解決するだけでなく、紛争を通じて、依頼者が未来に向かって新しい歩みを進めるきっかけを作ることを行動理念としている。著書は『身近な人の死後の手続き　相続のプロが教える最善の進め方Ｑ＆Ａ大全』（共著・文響社）、『弁護士が教える 自分と家族の生前整理ノート』（監修・文響社）など。

佐藤正明税理士・社会保険労務士事務所所長
税理士　社会保険労務士　日本福祉大学非常勤講師

佐藤正明（さとうまさあき）

佐藤正明税理士・社会保険労務士事務所所長（税理士・社会保険労務士）、CFP（1級ファイナンシャル・プランニング技能士）、日本福祉大学非常勤講師。小規模事業者の事業育成・新規開業のサポートをはじめ、税務、会計、社会保険、相続・事業承継、年金相談など多角的な視点でのアドバイスを行っている。テレビ番組で年金・社会保険・税金のコメンテーターとしても活躍中。著書は『2000万円不足時代の年金を増やす術50』（ダイヤモンド社）、『大切な人が亡くなった後の手続き　完全ガイド』（高橋書店）、『自分と家族の生前の整理と手続き 弁護士・税理士が教える最善の進め方Q＆A大全』『年金暮らしでも生活が楽になる 税理士・社労士が教える賢いお金の使い方Q＆A大全』（共著・文響社）など多数。

山本宏税理士事務所所長
税理士

山本　宏（やまもと　ひろし）

山本宏税理士事務所所長（税理士）、CFP（1級ファイナンシャル・プランニング技能士）。中小企業オーナー、個人資産家に対する事業承継および相続対策を得意業務とするほか、CFPとして専門の金融知識を生かした資産運用相談・不動産有効活用・財産管理などの業務も幅広く行っている。特に、常にカスタマー目線で行う税務サービスなどの提供に定評がある。著書に『マンガでわかる！もめない相続・かしこい贈与』（わかさ出版）、『身近な人の死後の手続き 相続のプロが教える最善の進め方Q＆A大全』『定年前後のお金と手続き 税理士・社労士が教える万全の進め方Q＆A大全』（共著・文響社）などがあり、テレビ・新聞・雑誌のコメントや執筆でも活躍中。

山本文枝税理士事務所所長
税理士

山本文枝（やまもとふみえ）

山本文枝税理士事務所所長(税理士)、AFP(アフィリエイテッド・ファイナンシャルプランナー)。法人・個人の顧問業務、相続業務等すべての分野で顧客第一主義に基づき、真摯に相談に応じ顧客のニーズに応えることをモットーとしている。多くの相続業務の経験を活かした生前対策の提案や、AFPとして培った専門的な金融知識を生かし、顧客の資産運用相談などを積極的に行うことで定評がある。また、地域の小中学校で租税教育活動などの社会貢献活動にも携わり、専門雑誌の監修協力も精力的に行っている。著書は『身近な人の死後の手続き 相続のプロが教える最善の進め方Q＆A大全』『定年前後のお金と手続き 税理士・社労士が教える万全の進め方Q＆A大全』（共著・文響社）など。

葬式・お墓のお金と手続き

弁護士・税理士が教える
最善の進め方Q＆A大全

2023年9月12日　第1刷発行

編 集 人　小俣孝一
シリーズ企画　飯塚晃敏
編　　集　わかさ出版
編集協力　菅井之生
香川みゆき
山岸由美子
中平都紀子
装　　丁　下村成子
D T P　菅井編集事務所
イラスト　前田達彦
発 行 人　山本周嗣
発 行 所　株式会社文響社
〒105-0001　東京都港区虎ノ門２丁目２－５
共同通信会館９階
ホームページ　https://bunkyosha.com
お問い合わせ　info@bunkyosha.com
印刷・製本　中央精版印刷株式会社

ISBN 978-4-86651-661-5

「葬式・お墓のお金と手続き」は、みなさんがお住まいの地域や宗教・宗派、慣習などによって詳細が異なる場合があります。事前に届け出先の役所や契約する事業者などに確認したうえで、手続きをお進めください。本書の内容は発売日時点の情報に基づいています。法律や税金についての個別のご相談には応じられません。マンガや図表などの記載内容は実在する人物、住所などとは関係ありません。